中小学美术欣赏
初级读本

麻来军　戴春霞　主编

南京大学出版社

图书在版编目（CIP）数据

中小学美术欣赏初级读本 / 麻来军, 戴春霞主编.
-- 南京：南京大学出版社, 2018.9
　ISBN 978-7-305-20612-2

　Ⅰ.①中… Ⅱ.①麻… ②戴… Ⅲ.①品鉴 - 中小学
- 教材 Ⅳ.①G634.955.1

中国版本图书馆CIP数据核字(2018)第171593号

出版发行　南京大学出版社
社　　　址　南京市汉口路22号　　　　　邮　编　210093
出 版 人　金鑫荣

书　　　名　中小学美术欣赏初级读本
主　　　编　麻来军　　戴春霞
责任编辑　钱梦菊　　　　编辑热线　025-83592146

照　　　排　南京新华丰制版有限公司
印　　　刷　南京人民印刷厂有限责任公司
开　　　本　889×1194　印张　6.25　字数　135千
版　　　次　2018年9月第1版　2018年9月第1次印刷
ISBN 978-7-305-20612-2
定　　　价　42.00元

网址：http://www.njupco.com
官方微博：http://weibo.com/njupco
微信服务号：njuyuexue
销售咨询热线：（025）83594756

美国美术教育家艾斯纳说："美术能力不是自然发展的结果，而是教育的结果。"学生的感受力可以进行培养训练，学生长期欣赏美术作品，与优秀美术作品亲密接触，经过玩味、尝试、领略，不仅能提升学生美的鉴赏能力，培养学生的美感，而且能积累丰富的审美经验，提高艺术修养，陶冶思想情操、开阔视野、扩大知识领域，树立正确的艺术观，确立科学的人生观。

教育部《中小学课程标准》中也指出，美术是对培养学生发散性思维、创新精神和动手能力以及推进以德育为核心的素质教育有特殊作用的课程之一。而中小学阶段是接受美育的关键时期，所以培养学生的美术审美能力已成为教育改革的主要目标。

青少年宫是未成年人专门活动场所，美术欣赏教育是其重要的教育内容之一。然而目前适龄的美术欣赏教程甚是缺乏，中小学校使用的美术教程虽然经典，但欣赏教学内容散点分布，学完时间跨度长。同时，随着中小学拓展性课程和乡村学校少年宫的深入推进，中小学校、乡村学校少年宫开展美术欣赏教育都遇到了相同的问题——专业性强、内容齐全的美术欣赏教程在哪儿？

本书编定旨在为青少年宫、乡村学校少年宫和中小学开展美术欣赏教学提供学习用书，或为爱好美术的青少年奉上一本可读性和艺术性强的美术欣赏普及读物。编者们秉持专业性、典型性、贴近性、趣味性和发展性的编写原则，根据中小学生的认知和审美特点，借鉴中小学校美术教育分学段、散点式编排欣赏类课例，经归类整合、筛选调整，分设九个单元来呈现，即国画、油画、书法、版画、雕塑、陶艺、摄影、剪纸、动漫。每章兼顾经典赏析与文化传承，通过直观图片欣赏与深入浅出的文字表述相结合的方式，借助"看一看""比一比""赏一赏""练一练""小贴士"五大学习模块，引导学生在欣赏、比较中丰富美术知识，提高鉴赏能力，提升艺术涵养。

本书类别全面，选材经典，企望能在最短的时间内，帮助中小学生引进美术殿堂的大门。让孩子们在认识和欣赏古今中外美术经典的同时，投其所好，引领或驱使学生进一步地主动展开探究学习。编者们在每章节都设置了五个既独立又前后关联的基本模块："看一看"是告知本单元讲的是什么？它用经典的图片展示，让学生直观地、感性地得到初步认知。"比一比"则是借助本单元相关主题内容的古今对比或中外对比，抑或引导学生与相似专业展开对比赏析等，提炼出差异，使学生一目了然。"赏一赏"是一个对本单元学习的升华和深化的环节，它借助经典作品赏析来激发学生内在的学习动机。"练一练"是通过简单易操作的实践体验题来增强对本单元的认识能学以致用。"小贴士"的内容主要是为拓展本专业相关知识，它有专业发展中的重要环节或人物的介绍，也有一些重要的专业术语的阐释，还有一些是与专业有关的经典励志的小故事。

鉴于编者们在时间、精力、专业等方面受限，本书在编辑过程中可能会出现某些缺陷或遗憾，期待能得到专家与同行们的批评指正！

目 录

第一章　国画

　　国画又称中国画，是我国传统绘画。主要指以毛笔、墨、国画颜料等画在绢、宣纸上的绘画。注重用线造型，强调平面性，追求意境的表达。中国画技法有工笔、写意之分。中国画题材主要分为人物、山水、花鸟三大类。中国画有中堂、横幅、扇面、长卷、册页等形式。在色彩运用上，注重固有色。中国画特有的笔墨技巧既是表现物象、传达情感的手段，同时本身又体现书法的意趣，具有独立的审美价值。特别是其中的文人画，讲求诗、书、画、印的结合，来深化主题。

第一节　形神兼备的人物画

人物画是中国绘画史上最早繁盛起来的题材，力求以形写神。

【看一看】//

唐　吴道子《八十七神仙卷》（局部）

　　吴道子被后世尊为"画圣"，他的《八十七神仙卷》代表了中国古代白描绘画的最高水平，画上有 87 个神仙从天而降，列队行进，人物的衣袖飘带、衣纹皱褶、旌旗流苏等组成的墨线，酣畅洒脱、疏密有致，表达出优美飘逸的动感。

唐 张萱《捣练图》（局部）

《捣练图》是唐代人物画家张萱的重要代表作。描绘了唐代妇女从捣练到熨练的各种活动，人物姿态各异、表情不一、细节生动，设色富丽，艳而不俗。丰满的人物造型，呈现出唐代仕女画的典型风格。

【比一比】

下面两幅画在表现手法上有哪些不同？

宋 李嵩《货郎图》（局部）

宋 梁楷《泼墨仙人图》

《货郎图》和《泼墨仙人图》都是宋代的人物画作品。

《货郎图》用工致的线条勾勒画面。货郎担上各色玩意儿琳琅满目，描绘得细致入微，货郎的亲切，儿童的天真，母亲的慈爱，均表现得真切自然。上面停着一只喜鹊，更增添了一番生动和趣味。

《泼墨仙人图》大刀阔斧率性挥写，仙人袒腹宽衣、谐趣可爱的神情如在眼前。寥寥数笔，就把仙人清高超脱、不屑凡俗的精神状态和性格特征表现得淋漓尽致。

不同的表现手法，一个精细，一个粗放，却都完美地传达了要表现的意境和人物的神韵。

【赏一赏】

五代　顾闳中《韩熙载夜宴图》（局部）

五代　顾闳中《韩熙载夜宴图》

这幅一千多年前的杰作出自五代南唐画家顾闳中之手，《韩熙载夜宴图》描绘了当时的现实生活，反映的是真人真事，说起这幅传世名画，有一段颇不寻常的故事。

韩熙载是一位很有才华的官员，出身豪门。当时的皇帝既想重用他，又有些不放心，怕他势力大了会造反。皇帝派画家顾闳中去韩熙载家里探听情况。韩熙载沉溺声色来消磨时光，实际上是想借此来表明自己对权力没有兴趣。顾闳中根据目识心记，回去后凭记忆绘制了这幅杰作。

《韩熙载夜宴图》为手卷形式，绢本设色，全图分"听乐""观舞""休息""清吹""宴散"五段。由于顾闳中观察细微，把韩熙载宴会的情景描绘得深入细致，四十多个人物的音容笑貌刻画得极为丰富传神。画面中乐曲悠扬，舞姿曼妙，笑语喧哗，更突出了韩熙载心事重重的精神状态，每段中出现的韩熙载，服饰、动作、面部角度各有不同，但有一点相同，脸上没有笑意，总是深沉、忧郁的。把才高气傲，但神态抑郁，矛盾复杂的内心世界刻画得入木三分。

画面安排以时间为序，五个不同时间的情节画在同一个画面中，在场景之间，画家非常巧妙地运用屏风、几案、床榻等器物，巧妙地分割，使之既有相互连接性，各段又独立成章。人物聚散有致，场面有动有静。用笔精细、造型优美、设色雅致，显示了画家高超的绘画技艺，也体现了画家敏锐的观察力、惊人的记忆力和纯熟的表现力。

【练一练】

体会人物画的魅力，仔细观察，用线条画画你身边的同学，看看是否表现出他（她）的形象特点和性格特征。

【小贴士】

白描：指单用墨色线条勾描形象而不施彩色的画法。它运用线条的浓淡、粗细、方圆、转折变化和用笔的轻重、快慢、提按、顿挫等艺术手法，来描绘物体的结构、质感，传达作者的感受。有"铁线描""兰叶描"等。白描既是中国画造型的主要手段和形式，也是学习中国画重要的基础。

第二节　意境悠长的山水画

让我们一起来感悟山水画中呈现的那种情景交融、虚实相生的意境吧！

【看一看】

宋　范宽《溪山行旅图》

《溪山行旅图》为大山大水式的全景构图，是北宋范宽的代表作，也是中国绘画史上的杰作。作品细致刻画了山石树木，气势宏伟，多变的笔墨与皴法，体现出作品雄浑的意境。

元　黄公望《富春山居图》（局部）

《富春山居图》以浙江富春江为背景，山和水的布置疏密得当，墨色浓淡干湿并用，极富于变化，是黄公望的代表作，被称为"中国十大传世名画"之一。

【比一比】

下面两幅画在表现手法上有哪些不同?

元　倪瓒《容膝斋图》　　元　王蒙《青卞隐居图》

　　《容膝斋图》采用"一河两岸"构图，笔墨极为淡雅，山石土坡以干笔横皴，再用焦墨点苔，画树墨色层次较多，近坡皴多染少，画面简逸萧疏，风神淡远。

　　《青卞隐居图》构图繁复，千岩万壑，峰峦曲折，意境深邃。各种笔法和墨法互用，繁而不乱，又能展现出广阔空间，做到密而不塞，成功地表现了南方山水滋润华秀的景色，是王蒙风格成熟的精心佳作。

　　这两幅图，一个以冷逸见长，一个则以茂密取胜，不同的表现手法却都完美地表现了山水各自的气势和意境。

【赏一赏】

宋　王希孟《千里江山图》

　　《千里江山图》为青绿设色绢本，纵51.5厘米，横1191.5厘米，长卷运用中国绘画中的散点透视手法，把千里江山绘于一图，气势辽阔超凡。全卷画面上层峰峦叠嶂、逶迤连绵，图中繁复的林木村野、舟船桥梁、楼台殿阁、各种人物布局井然有序。画中山石先以墨色勾皴，后用石青、石绿烘染山峦顶部，显示青山叠翠。全图既壮阔雄浑又细腻精到，是青绿山水画中的一幅巨制杰作。

【练一练】

　　用心感受大自然的美，画画家乡的美景，看看能否表现出景色的意境之美。

【小贴士】

散点透视：中国画中常用的绘画表现手法。作画时画家的观察点不是固定在一个地方，也不受视域的限制，而是根据需要，将不同立足点所观察到的事物都组织进画面中来。中国山水画能表现咫尺千里的辽阔意境，正是运用这种独特的透视法的结果。

皴法：中国画技法名。是表现山石树木的脉络纹理的画法。表现山石、峰峦的，主要有披麻皴、雨点皴、卷云皴、解索皴、牛毛皴、大斧劈皴、小斧劈皴等；表现树身表皮的，有鳞皴、绳皴、横皴、锤头皴等。

第三节　韵味隽永的花鸟画

让我们一起来感悟花鸟画中呈现的那种鸟语花香、生机盎然的韵味吧！

【看一看】

清　任伯年《桃花燕子》

任伯年将疏密对比的艺术手法运用到花鸟画的构图上，繁密处花朵和枝叶交错在一起，还将燕子隐在花叶之下，密而有序，繁而不乱；而延伸出去的枝条寥寥几笔，简练概括。作者采用疏密对比手法表达，层次分明。

动物也属于花鸟画的一部分，这幅《四羊图》把羊儿嬉闹的情景表现得生动有趣。四只山羊在枯树下打斗、观望的不同动态，形象生动，逗人喜爱。全图用笔简练朴实，色调柔和中又有对比，以大面积淡墨渲染出坡地，将天地区分开来，并很好地衬托了画面的主体。图中景物高低错落，画面富于变化，不愧为陈居中的传世佳作。

宋　陈居中《四羊图》

【比一比】

下面两幅画在表现手法上有哪些不同？

宋　李嵩《花篮》

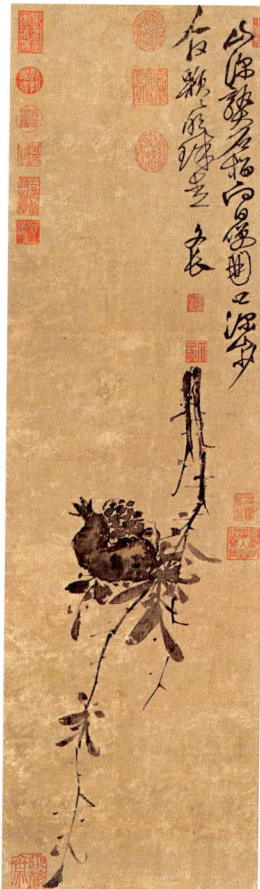

明　徐渭《石榴图》

《花篮》的表现手法为工笔。作者以工致的线条和细腻的敷彩手法，刻画花的娇艳、藤篮的精致，表现出盎然的春意。

《石榴图》的表现手法为写意。作者用笔简练，笔法草草，用写意手法描写带果折枝，不画树干和背景，凭借题诗结合一体，让人自知石榴生长在山野之中。这种省略表达法是艺术造型过程中为突出主题，达到简练精粹而采用的重要手段。

不同的表现手法，一个精细一个简练，却都完美地传达了要表现的意境和对象的韵味。

【赏一赏】

这幅作品梅枝横斜而出，枝条茂密，前后错落。枝头缀满梅花，或含苞欲放，或绽瓣盛开，千姿百态；白洁的花朵与铁骨铮铮的枝干相映照，清气袭人，深得梅花清韵。

"吾家洗砚池头树，个个花开淡墨痕。不要人夸好颜色，只留清气满乾坤。"作者的题画诗赞美墨梅不求人夸，只愿给人间留下清香的美德，实际上是借梅自喻，表达了作者的独善其身、孤芳自赏的品格。元、明以来，文人画成为主流，题款风气盛行，这幅画是集诗、书、画、印于一体的文人画代表作之一。

元　王冕《墨梅图》

【练一练】

仔细观察，画画你喜欢的花鸟，看看能否表现出花鸟的形象特点，抒发自己的情感。

【小贴士】

中国画在表现手法上有工笔、写意和兼工带写。工笔是以精谨细腻的笔法描绘景物，与写意相对；写意是用简练的笔法描绘景物；兼工带写介于工笔与写意之间。

第二章　油画

　　油画是西方最为经典的绘画艺术。一般认为，欧洲15世纪初期的尼德兰画家扬凡·爱克兄弟是油画材料技法的奠基人。油画是用透明的植物油调和颜料，在制作过的布、纸、木板等材料上塑造艺术形象，画面的总体效果比较厚重饱满，色彩丰富。油画可以描绘出很逼真的效果，也可以制造出丰富的机理效果，油画的质地还具有一定的透明性和迷人的光泽，这是其他画种所不具备的特点。

第一节　精美典雅的古典油画

古典主义起源于意大利文艺复兴时期，古典主义油画是以古典主义精神为基础，强调"光影"，并结合使用多种科学方法，如色彩规律、解剖学以及透视法等，致力于获得和谐、理想、平衡、明晰等艺术效果。

【看一看】

《妇人像》佛兰德斯　鲁本斯（1577—1640）

这幅作品充分展现了鲁本斯的油画艺术风格。画中人物造型丰满，明亮的肤色在暗色的背景衬托下有着极其生动的效果。服饰的表现生动细致，笔法潇洒自然，色彩厚重雅致，绘画意境典雅、和谐。

《花瓶中的蜀葵》荷兰　海瑟姆（1682—1749）

　　这是一幅花姿娇艳的古典静物花卉作品。画面描绘细腻，层次比较复杂，色彩分布讲究，极富质感和光感。海瑟姆的静物画因受巴洛克画风的影响，朴实性减弱了，增强了装饰成分，把更多的注意力放在华丽的色彩上。

【比一比】

　　请你找一找、比一比下面这两幅画的异同在哪里？

《黑斯廷斯港口的遇难船》英国　透纳（1775—1851）水彩画

《雷雨后的峭壁》法国　库尔贝（1819—1877）油画

1. 这两幅风景画的共同点

　　两幅优美的风景画描绘的都是欧洲的美丽海景，画面构图完美，色调统一，色彩丰富，画面富有空间感，山石、水面和浪花的质感都得到了充分的表现。

2. 两幅画所用材料和美感表达不同

　　透纳的《黑斯廷斯港口的遇难船》一画所使用的绘画材料是水彩颜料和水彩纸，因此画面给人感觉比较轻盈，色彩透明而丰富，水色交融造就了水彩画独特的朦胧美。

　　库尔贝《雷雨后的峭壁》为布面油画，画家是著名的现实主义画家，画风写实，用色厚重，画中使用油画刮刀对山石的质感进行精心表现，画面具有坚实厚重的美感。

【赏一赏】

《抱银鼠的女子》意大利 达·芬奇（1452—1519）

达·芬奇是意大利文艺复兴时期最负盛名的艺术大师。在绘画理论方面，他把解剖、透视、明暗和构图等零碎的知识整理成系统的理论，对后来欧洲绘画发展产生了巨大影响。

这幅精美的油画，是达·芬奇的代表作品之一，描绘的是气质高贵、外表文静的切奇利亚·加勒兰妮和她的宠物白貂。画中的人物略微侧坐，人物的面部表情温顺柔和，沐浴在光线之中，画家敏锐地捕捉到她转头时的动态，将她明眸浅笑的动人瞬间变成了永恒。

达·芬奇运用明暗法创造了画面真实的立体感，柔和的光线和阴影衬托出切奇利亚优雅的头颅和柔美的脸庞，细致的刻画使她面部的肌理如同大理石雕塑般细腻生动。怀中抱着的毛色光润、形态逼真的白貂使画面生动了起来。这幅肖像画从解剖学原理上看，比例完美、结构准确。达·芬奇的肖像画真正做到了形神兼备而得到世人的推崇。

第二节　个性纷呈的近现代油画

19 世纪油画进入了转折时期，原先以素描造型来客观表现形体与空间的方式逐渐转变成为以色彩为主要的造型手段，由此形成了浪漫主义与印象主义两大流派。

20 世纪是油画发展的多元化时期。形式语言受到高度重视，传统油画技法中的某方面因素被作为艺术观念的形式体现被强化，甚至被推向极端。

【看一看】

《苹果与橘子》法国　塞尚（1839—1906）

法国著名画家塞尚，是后期印象派的主将，作为现代艺术的先驱，被称为"现代绘画之父"。

现代派美术强调形式，轻视情节内容。塞尚在吸收印象主义技法的同时，更加关心实体感与构图，注重探索事物的"结构"。他对体积感的追求和表现，为"立体派"开启了不少思路。

【比一比】

你能说说下面两幅油画作品有什么异同吗？

《自画像》法国 伦勃朗（1606—1669）

《哭泣的女人》 西班牙 毕加索（1881—1973）

1. 两幅油画的共同点

两幅画都是半身人物肖像，用不同的艺术语言表达了画中人物的情绪和当时的状态。作品构图完整统一，都体现出画家鲜明的个性特色。

2. 两幅油画的不同点

伦勃朗《自画像》属于古典油画，魅力在于求"真"。他的作品都是以暗调子为主，并使用简单而又精致的光线刻画人物或环境。其绘画中的典型明暗对比用光，衍生出了著名的"伦勃朗光"。画面上描绘的是34岁的伦勃朗。此时画家绘画技法纯熟，对古典写实已经画到了极致。

毕加索《哭泣的女人》属于立体主义油画，画面没有采用传统西方绘画的透视法，背景与画面的主题交互穿插，人物的眼睛、嘴唇、鼻子等组合显得杂乱无章，支离颠倒，常人有点难以理喻，但他却给立体主义画面创造出了一个二维空间的绘画特色。此画就是用奔放的颜色和劲利的笔触表达了一种悲凄的命运和情感。

【赏一赏】//

《日出·印象》法国　莫奈（1840—1926）

　　莫奈，法国画家，是印象派代表人物和创始人之一。印象派擅长光与影的实验与表现技法。他最重要的风格是改变了阴影和轮廓线的画法。在莫奈的画作中看不到非常明确的阴影，也看不到突显或平涂式的轮廓线。光和影的色彩描绘是莫奈绘画的最大特色。

　　这幅画是莫奈于1872年在勒阿弗尔港口画的一幅写生画。在送往首届印象派画展时，还没有标题。一名新闻记者讽刺莫奈的画是"对美与真实的否定，只能给人一种印象"。莫奈于是就给这幅画起了个题目"日出·印象"。它作为一幅海景写生画，整个画面笼罩在稀薄的灰色调中，笔触画得非常随意、零乱，展示了一种雾气交融的景象。日出时，海上雾气迷蒙，水中反射着天空和太阳的颜色。岸上景色隐隐约约，模模糊糊看不清，给人一种瞬间的感受。

《鸢尾花》荷兰　梵高（1853—1890）

　　梵高是荷兰后印象派画家，是后印象主义的先驱，并深深地影响了 20 世纪艺术，尤其是野兽派与表现主义。《鸢尾花》是梵高于 1889 年 5 月完成的，是梵高极负盛名的作品之一。

　　画面中大面积地描绘了鸢尾花，只有小面积棕色土地，色彩丰富，线条细致而多变，整个画面充满律动及和谐之美，洋溢着清新的气氛和活力。左边的白花与最右方的浅蓝花相呼应。画家细心安排花朵位置，引导观者视线。他画的鸢尾花鲜丽可爱，但又有点忧伤，有点孤独和不安，甚至有一种近乎挣扎的姿态。此画不是以"逼真地呈现自然"的模仿式作画，而是把"对自然的主观感觉融入绘画"的和谐式作画，是模仿理念的革新。

【练一练】

在现实中寻找一些花卉，用油画技法尝试画一画吧。

【小贴士】

什么叫油画直接画法？

油画直接画法是用油画材料直接表现从而达到形色兼备的绘画方法。所谓"直接"，是相对古典技法通过层层制作而产生某种预期效果的方法而言，它既包含一次性挥洒的直接表现，也包含以并置笔法为主的点彩技法。油画直接技法在近现代油画史和相关的绘画史中成为主要的表现语言。

第三章　书法

　　书法是汉字的书写艺术。汉字在不断演变的历史长河中，起着思想交流、文化继承等重要的社会作用，同时又形成了一种独特的艺术形式。它是中华民族的文化瑰宝，在世界文化艺术宝库中也独放异采。

　　中国书法渊源流长，篆书、隶书、楷书、草书、行书，五体鼎立，无不体现出中华民族深厚的文化积淀。让我们一起来欣赏一下吧！

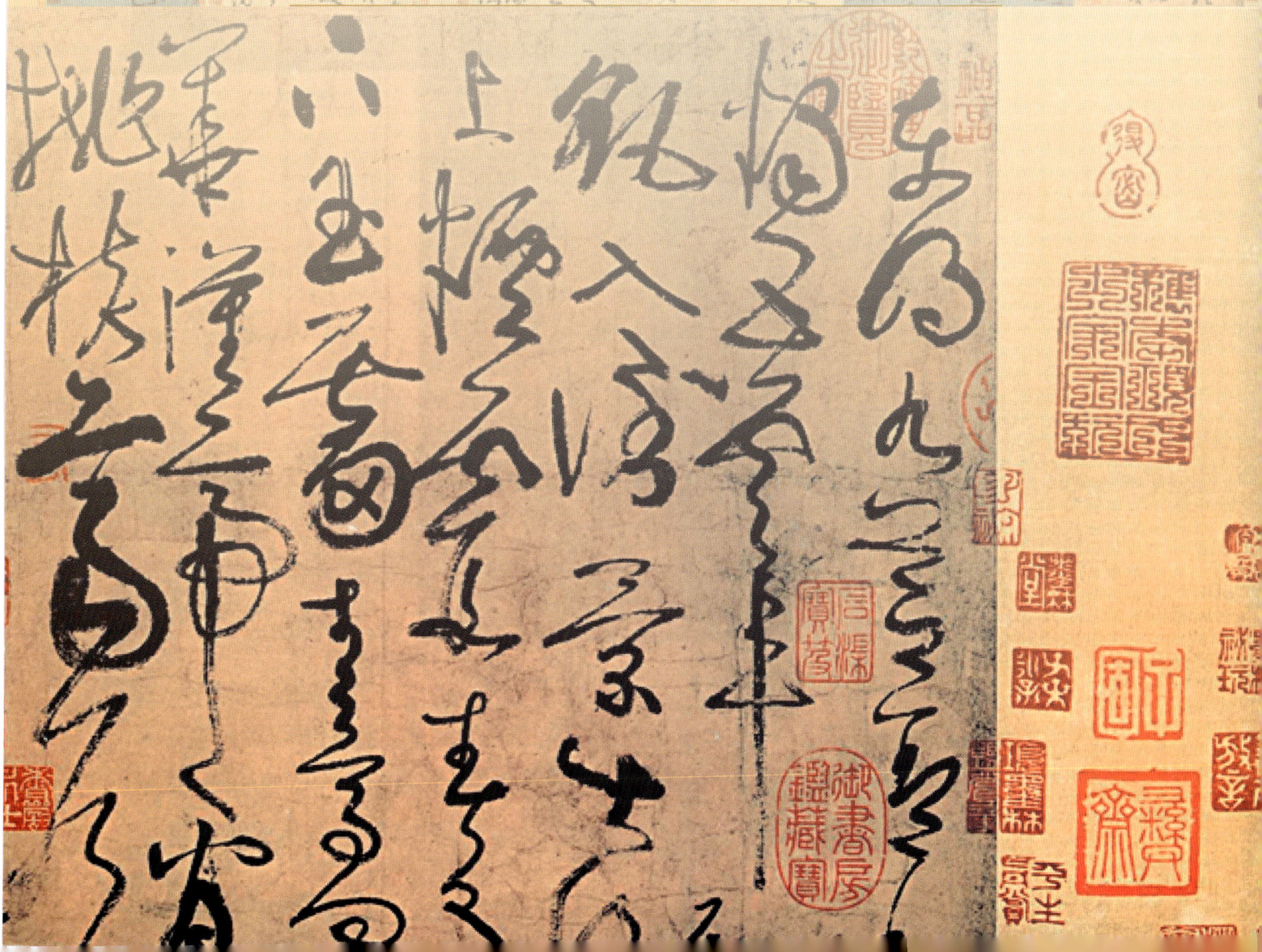

唐　李阳冰《三坟记》（局部）　小篆

《三坟记》，李阳冰书。叙述的是立碑人李季卿迁葬他三个哥哥的事情。运笔坚劲畅达，线条遒劲平整、粗细均匀，结构工稳。在唐代篆书中李阳冰成就最高，被称为"铁线篆"，原碑已失，宋时重刻，现存陕西省西安碑林。

【赏一赏】

邓石如学习秦汉以来各家之作，尤其是汉人碑刻，从中吸取了婉转飘逸的意趣，又掺入隶书笔意，用笔灵活稳健，骨力坚韧。笔法丰富是其一大特点，运笔方圆兼施。方为刚，圆显柔，刚柔相济，字形方圆互用，姿态新颖。邓石如在结构上提出"计白当黑"的艺术主张，疏处可以跑马，密处不可透风。通过"疏与密"的配合，其篆书坚实浑厚又遒劲婀娜，从而形成空灵而又不失丰厚的多样美感。清代以后的篆书家无不受他的影响。

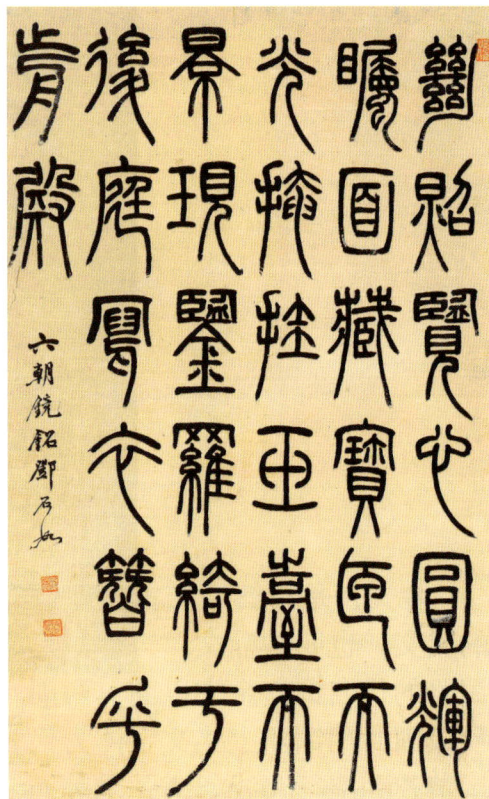

清　邓石如　小篆

清　赵之谦　小篆

赵之谦早期篆书师法邓石如,深受碑学影响,以及包世臣的"钩捺抵送,万毫齐力"之法,并将北碑的"直入平出"和"折锋"等笔法运用到篆书中,同时增加了结体上的曲折变化。抓住北碑造像中雄强霸悍的一面,竭力追求姿态活泼和气势飞动,故其篆书呈现出仪态多变、飘逸飞扬的特征,自成一体。

【练一练】

找一些篆书代表作品进行临摹,体验一下篆书的结体特点与风格魅力。

【小贴士】

小篆推荐碑帖:《泰山刻石》、《峄山刻石》、李阳冰《三坟记》、吴熙载篆书、陆维钊篆书、杨沂孙篆书、邓石如篆书、赵之谦篆书、吴昌硕篆书。

清　邓石如　隶书

清隶　书法发展到清乾、嘉年间，碑学崛起，隶书复兴。清代隶书是在汉碑基础上脱化而来，形成各自的风格，流派纷呈，各领风骚，邓石如为其中杰出代表。采用长锋羊毫书写，笔触意味丰富，线条含蓄稳健，体方势圆，气度恢弘，开辟了隶书的新天地。

【赏一赏】

让我们通过欣赏下面三件不同风格的隶书来了解一下汉代隶书的多样性吧！

《曹全碑》用笔圆畅细腻，结体静穆舒展，章法清朗雅致。以其"秀丽多姿，轻灵飘逸"的韵姿受到历代极高的赞誉。

东汉　《曹全碑》局部

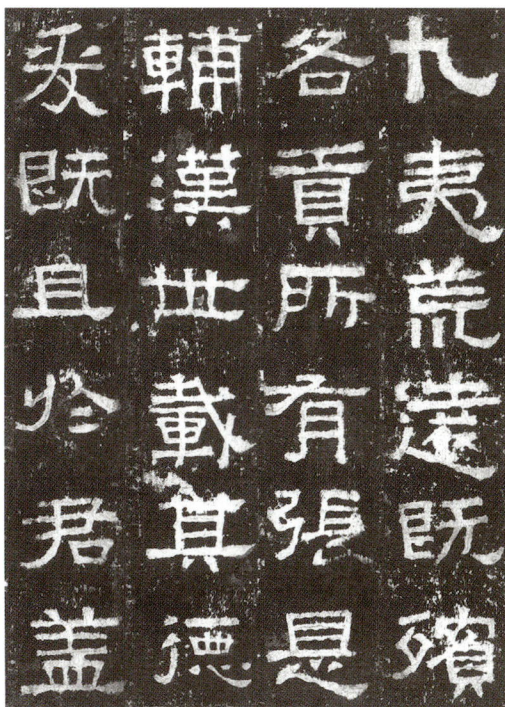

东汉 《张迁碑》局部

《张迁碑》点画方笔稳健，雄浑坚实，斩钉截铁；字形天真稚拙，端庄大方；章法错综揖让，生动丰富；空间布局，对比强烈，真正做到"密不穿针，疏可走马"，是汉隶方笔古拙风格的代表。

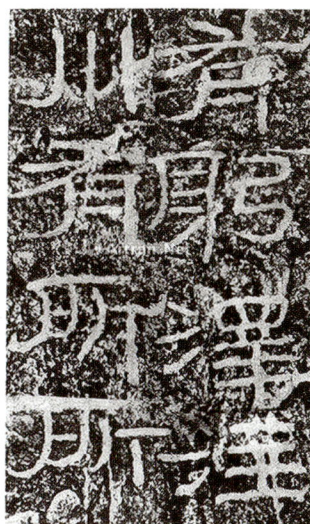

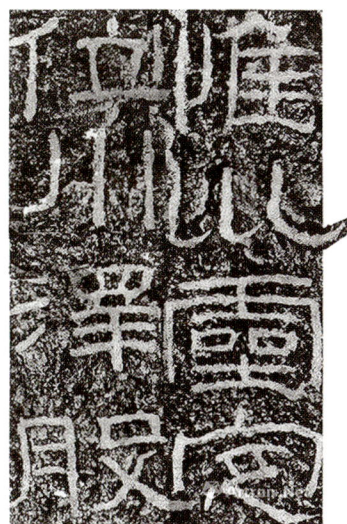

东汉 《石门颂》局部

《石门颂》为东汉的摩崖石刻，用笔飘逸多姿，线条坚韧圆劲，结体恣肆开张，纵横奇逸。

【练一练】

选择一件自己喜爱的隶书作品，动手临一临。

【小贴士】

孔庙三碑：《乙瑛碑》《史晨碑》《礼器碑》是孔庙中汉碑的精品代表，多为隶书学习的首选。

碑学：清中期以后提倡碑学，崇尚北魏碑刻，泛及秦篆汉隶，从中造就了清代隶书的大成。

蚕头燕尾：是对隶书长横长捺起笔形如蚕头、横波收笔状如雁尾的形象说法，是隶书中最常见的笔法。

第三节　端庄的楷书

楷书，是汉字中最具代表性的字体。楷书是由隶书逐渐演化而来的，一定程度上受草书的影响，大约在东汉末年形成，到魏晋趋于成熟。楷书字形方正、笔画平直、端庄严谨，后来人们常把汉字称为"方块字"，就是针对楷书讲的。

【看一看】

钟繇是曹魏时期著名书法家、政治家，在书法方面颇有造诣，被后世尊为"楷书鼻祖"。王羲之等后世书法家都曾经潜心钻研学习钟繇书法，钟繇与东晋王羲之并称为"钟王"。

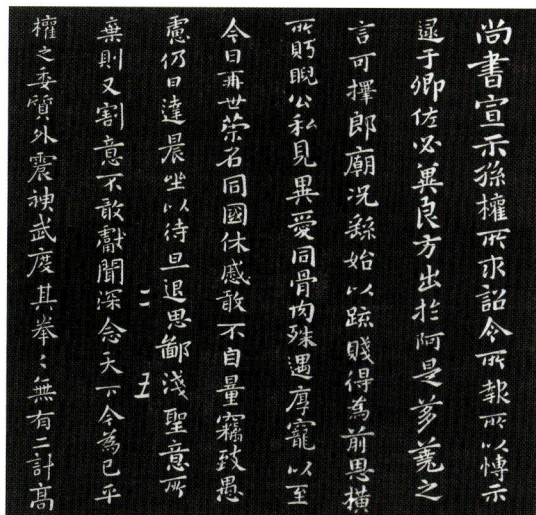

曹魏　钟繇《宣示表》（局部）

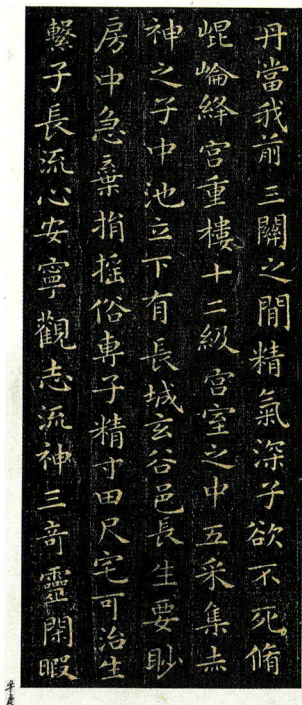

东晋　王羲之《黄庭经》（局部）

如果说钟繇的楷书字形微扁，还带有隶意，那么到了东晋以后，以王羲之所书的《黄庭经》为代表的楷书已进一步成熟，点、横、钩、撇、捺已是规范楷书的笔法了。

【比一比】

请你仔细比一比下面两件楷书，它们的风格有什么不一样？

北魏　《张猛龙碑》（局部）

《张猛龙碑》属于魏碑，作者不明，是楷书发展期的代表作之一，其特点是以方笔为主，稳健古厚，斜画紧结，四面开张呈放射状。

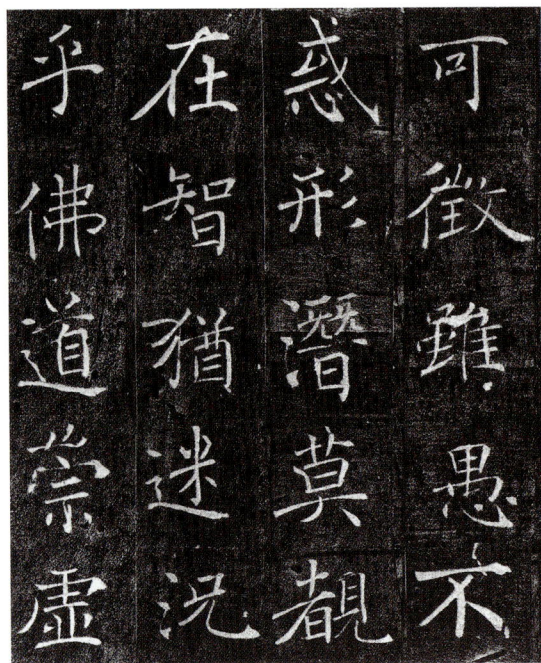

唐　褚遂良《雁塔圣教序》（局部）

　　《雁塔圣教序》属于唐楷，为褚遂良58岁时书，是最能代表褚遂良风格的作品。用笔方圆兼施，瘦劲飘逸，结构上改变了欧阳询、虞世南的纵势，取横势舒展，创造了看似纤瘦，实则劲秀饱满的字形。

【赏一赏】

楷书四大家是对书法史上以楷书著称的四位书法家的合称，他们是唐朝欧阳询、颜真卿、柳公权和元朝赵孟頫。

欧阳询（欧体）：其书法作品以楷书为最，笔力险峻，结构严谨，世称"唐人楷书第一"，代表作有《九成宫醴泉铭》《虞恭公碑》《皇甫诞碑》等。

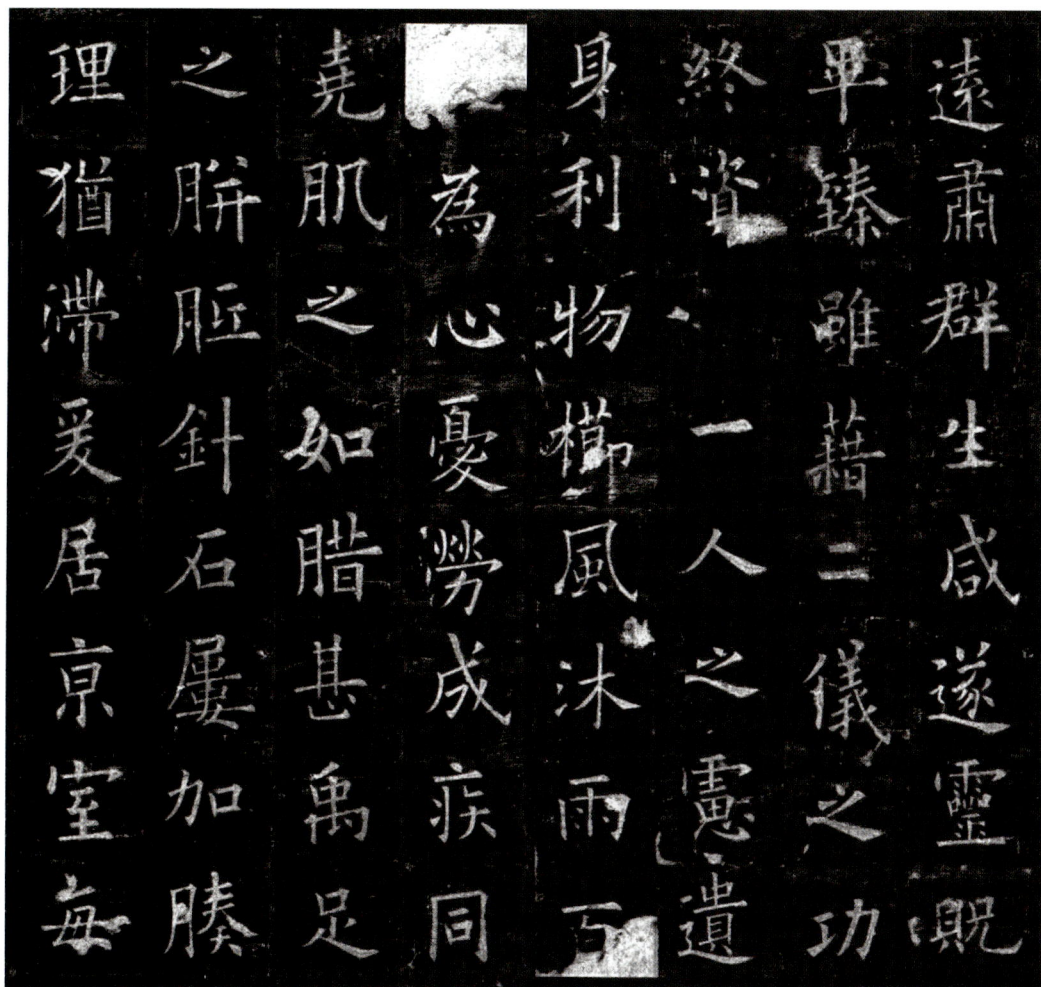

唐　欧阳询《九成宫醴泉铭》（局部）

唐 颜真卿《勤礼碑》（局部）

颜真卿（颜体）：在书法史上，他是继二王之后成就最高、影响最大的书法家。其楷书用笔粗细分明，结构端庄雄伟，气势开张，世称"颜体"，代表作有《多宝塔碑》《麻姑仙坛记》《颜勤礼碑》等。

唐 柳公权《玄秘塔碑》（局部）

柳公权（柳体）：柳公权是继颜真卿之后，对后世具有很大影响的书家，与颜真卿并称"颜筋柳骨"。用笔精妙遒劲，结体严谨挺拔，世称"柳体"，代表作有《玄秘塔碑》和《神策军碑》等。

元 赵孟頫《玄妙观重修三门记》（局部）

赵孟頫（赵体）：用笔圆润清秀，结构端正平实，又有行书之飘逸娟秀，世称"赵体"，代表作有《妙严寺记》《胆巴碑》《玄妙观重修三门记》等。

【练一练】

选择一件自己喜欢的古代楷书作品，说一说该作品的风格特点，并动手临一临。

【小贴士】

"初唐四家"是哪四家呢？

初唐四家，指的是唐朝初年的四位大文人：欧阳询、虞世南、褚遂良、薛稷。这四人均为书法名家。初唐四大家的书法，有一个共同的特点，就是楷书的风格都是"清秀瘦劲"。

"心正则笔正"的由来：

有一件事让柳公权名扬千古，这就是笔谏之事。穆宗是个昏君，却也附庸风雅，有一天向柳公权询问笔法。柳回答说："用笔在心，心正则笔正。"这话既说明思想修养与书法艺术之间的内在联系，也显然含有讽谏之意，因此被后世传为"笔谏"佳话。

第四节 奔放的草书

　　草书由于它字体简化，书写随意，灵动夸张，情趣丰富，使得其体貌千姿万态，趣味横生，但在增强抒情性的同时也增加了辨认难度。草书包括章草和今草，今草又分大草、小草和狂草。草书书写者往往是充满激情，处在一种比较亢奋的状态下完成书写的，读者可以从墨迹中隐隐地感受到蕴含的一种情绪。

【看一看】

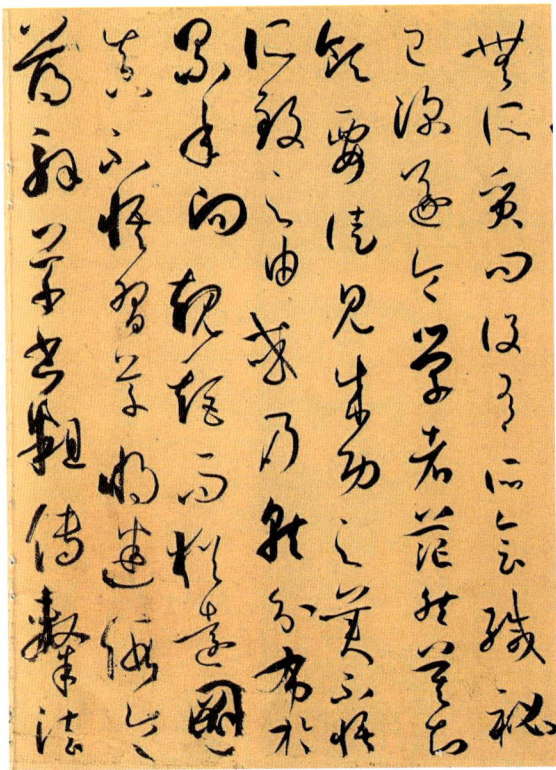

唐　孙过庭《书谱》

　　孙过庭专习王羲之草书，笔法精熟。《书谱》是小草的经典之作。本卷纸墨精好，神采焕发，不仅是一篇文辞优美的书学理论，也是草书艺术的理想典范。通卷书风爽健妍美，运笔中锋与侧锋并用，笔锋或藏或露，收放自如，变化丰富，令人目不暇接。笔势纵横洒脱，达到心手相忘之境。

【比一比】

　　章草是由隶书转变而来的早期草书书体。汉代初期人们为了提高书写速度，把隶书中的一些偏旁部首简化成一些简约的书写符号，并改变了部分笔画顺序，使其书写起来更加便捷，这便产生了章草。章草的笔法灵动活泼，使其成为极具美学价值的一种书体。《急就章》就是章草的代表作。

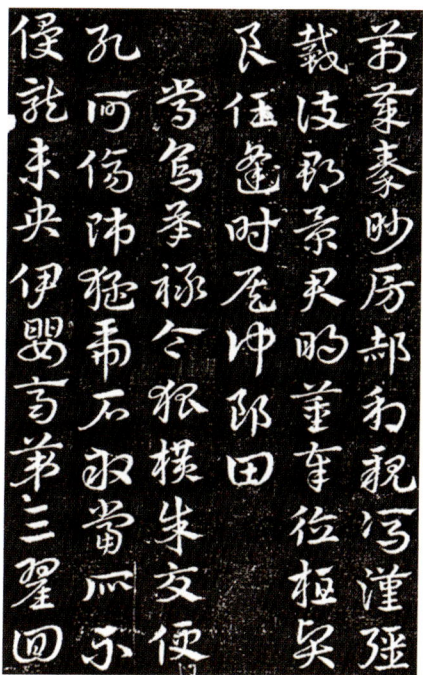

三国　皇象《急就章》（局部）

唐　张旭《古诗四帖》（局部）

　　而张旭狂草墨迹《古诗四帖》，与章草的差异是显而易见的。通篇笔画丰满，绝无纤弱浮滑之笔。行文跌宕起伏，动静交错，满纸如云烟缭绕，实乃草书巅峰之篇。《古诗四帖》可以说是张旭全部生命的结晶，是天才美和自然美的典型，民族艺术的精华，永恒美的象征。

第五节　飘逸的行书

行书是介于楷书和草书之间的一种字体，兼有楷书的文字可识性和草书的书写流畅性。行书具有用笔灵活，笔势流畅，笔画减省，体态多变，书写便捷，并能表情达意的特点，有较强的实用性，深受广大书写者的青睐。

【看一看】

王羲之是东晋著名书法家、文学家，他博采众长，各体具优，特别是由他完善的行书新体，是行书确立的标志，被后世尊称为"书圣"。

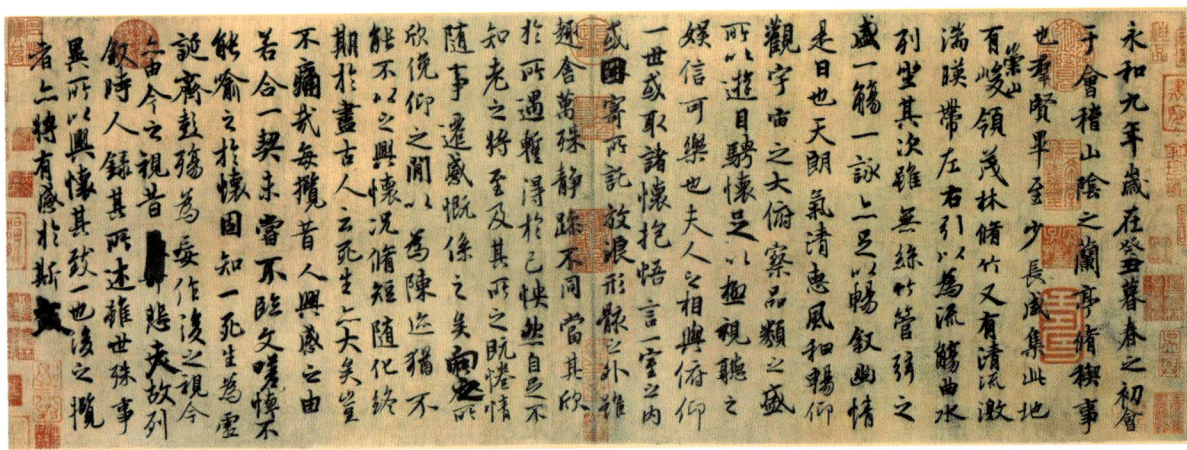

东晋　王羲之《兰亭序》（冯承素摹本）

《兰亭序》是王羲之行书的代表作品，用笔精妙，丰富细腻，锋尖起伏变化无穷；结构正欹相生，自然洒落；章法清新雅逸，气韵生动，如行云流水，是晋人风韵的典范之作，被誉为"天下第一行书"。

【比一比】

请你对比一下下面两件行书，它们的风格特征有什么不一样？

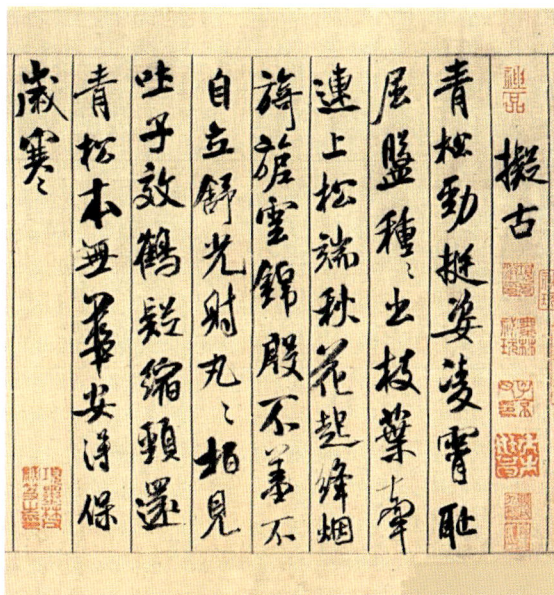

宋 米芾《蜀素帖》（局部）

米芾《蜀素帖》是他风格成熟的代表作品，充分体现了米芾"不偶于人"，狂傲洒脱的个性。用笔方圆兼备，刚柔相济；结体欹侧跳宕，"八面出锋"；章法清劲多姿，超逸自然，前后顾盼，风神翩翩。

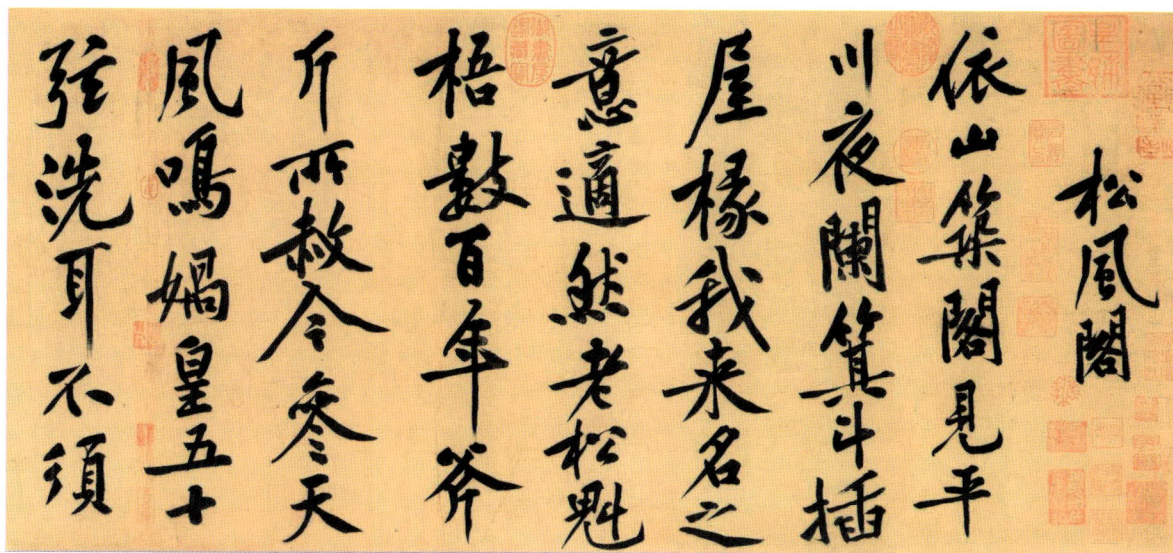

宋 黄庭坚《松风阁诗帖》（局部）

黄庭坚《松风阁诗帖》用笔纵横奇崛，点画浑厚劲拔，长画抑扬顿挫、遒劲飘逸，短线简洁凝练、精气内敛；结体中宫紧密，四面辐射；章法左荡右决，痛快淋漓。强烈的个人风格，是宋人"重意"的精神写照。

【赏一赏】

通过赏析下面三件不同风格的作品，来了解行书丰富的抒情性。

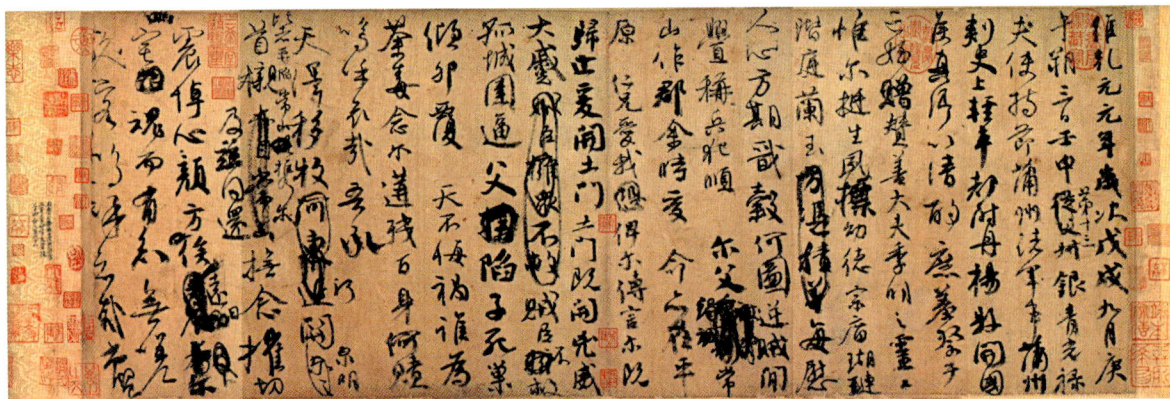

唐　颜真卿《祭侄稿》

《祭侄稿》又称《祭侄季明文稿》，为颜真卿50岁时书。笔法圆转遒劲，线条浑厚苍辣；结体开张自然，墨法渴涩生动；以意御笔，一气贯注，传达了作者书写时悲愤激昂的情感，被誉为"天下第二行书"。

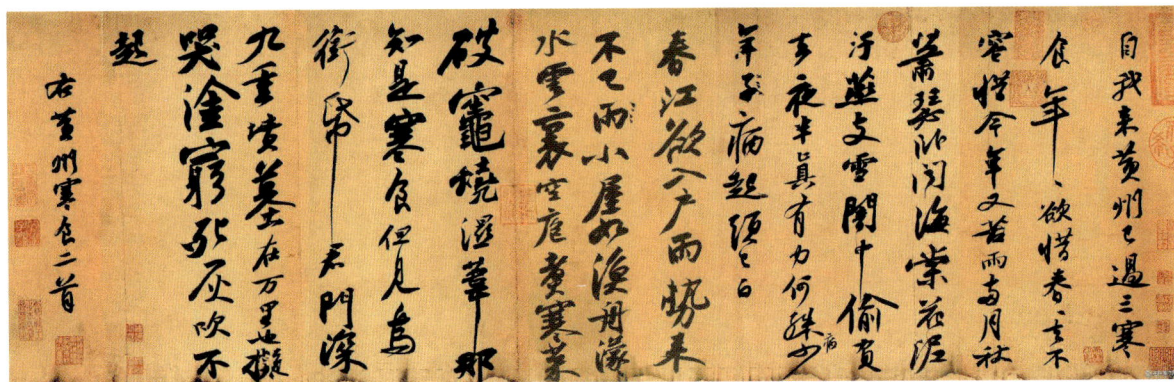

宋　苏轼《黄州寒食诗帖》

《黄州寒食诗帖》是一幅将人的心境、诗的意味、书写的形式和谐统一为一体的不可多得的书法珍品。用笔正侧锋兼用，笔画饱满劲健，势险韵足。字形多呈横扁，取势左低右高，略向左倾侧。通篇起伏跌宕，迅疾奔放。《黄州寒食诗帖》在书法史上影响很大，被称为"天下第三行书"。

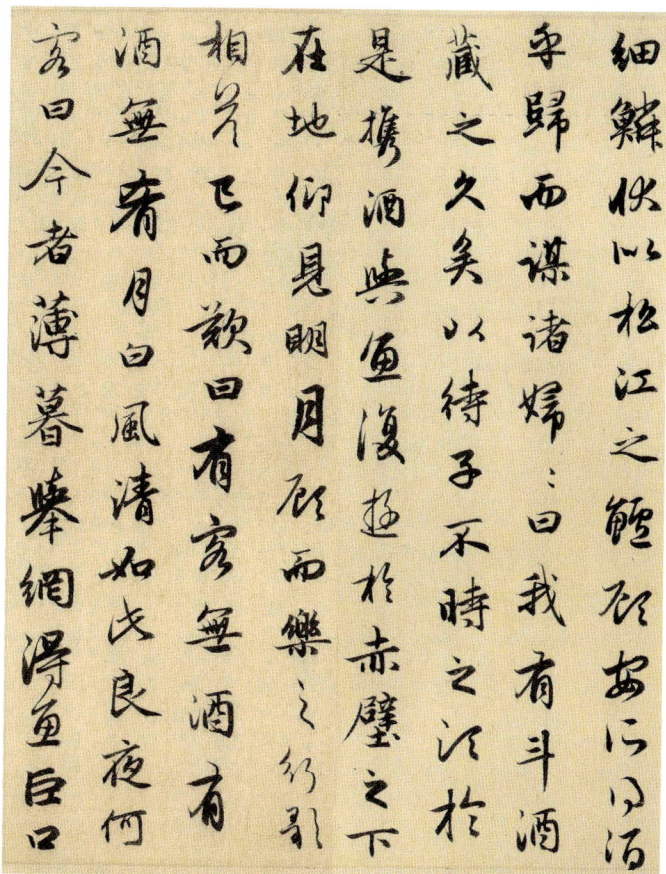

元　赵孟頫《前后赤壁赋》（局部）

　　《前后赤壁赋》是赵孟頫48岁时书。法度严谨，为行书之最佳范本之一。该帖点画精到，圆润遒劲，布白疏朗从容，宛转流美，风骨内含，神采飘逸，尽得魏晋风流遗韵。

【练一练】

　　找一本自己喜欢的行书字帖，练习、体验行书的风格特征。

【小贴士】

　　宋四家：宋代是行书创作的高峰时期，苏轼、黄庭坚、米芾、蔡襄被称为最能代表宋代书法成就的"宋四家"。

　　行书名帖推荐：王羲之《兰亭序》、颜真卿《祭侄季明文稿》、苏轼《黄州寒食诗》，此"三大行书"是行书学习者的首选字帖。

　　行楷、行草：行书的表现范畴较为宽泛。书写状态端庄平和，款款而行，近于楷书的被称为"行楷"；书写节奏迅捷，变化丰富，近于草书的被称为"行草"。

第六节　精微的篆刻

　　篆刻是以汉文化为背景，以汉字篆书为主要字体，在金属、玉、石等材质的印章上进行设计、书写、镌刻创作的艺术。篆刻是我国最古老的艺术之一，它源于实用，不断丰富，最后发展为独特的艺术门类。在新石器时代，受制陶印纹的启示，我们的祖先直接在陶拍上刻纹饰和记号，印在陶器上，这些文字和徽记往往是器物主人与家族的名称或标记，这是我国篆刻艺术的起源。先秦时期，印章在贵族阶层大量使用，到汉代，已经普遍运用于工作生活。篆刻的内容主要有官职爵位名称、姓名、吉祥语、肖形动物等。唐宋时期，文人开始关注印章并出现了斋馆号印、花押印。明清时期，以王冕、文彭、何震等为代表的文人墨客，开始尝试用石材刻印，并且借助词句印寄托思想，书写与刻制风格也越来越多样化，出现了不同的流派。

【看一看】

图1

图2

图3

图4

图5

图6

　　图1～3是出土文物，是古人的用印，材质为铜。印钮形制有龟钮、鼻钮、驼钮。

　　图4～5两印材质为石头。图4的印钮比较特别，根据石头本色巧妙雕琢花鸟虫鱼为钮是近现代文人的一种创新。图5有边款，边款古代也有，但极少，明清流派印兴起后，边款作为作者记事或抒情的手段之一得到广泛运用。图6是西晋时期的一枚印章，材质为金。

【比一比】

　　在古代，纸张还没有发明，文章、书信等都写在竹简上。在公文或私用信件往来中，为了防止传递过程中被私拆泄密，作者会把写好的竹简卷起来，在绳结交叉处放上一块软泥巴，然后直接用印章盖在泥上（如图7），这块泥巴就叫封泥（如图8）。东汉以后，我们的祖先开始使用纸张（也有使用帛）书写，盖印章时就用特殊的朱砂颜料盖在纸张上，这种特殊的颜料有个专门的名称，叫作印泥。不过这中间，印章具体从什么时候开始盖在纸张上，目前有待进一步考证。印章直接盖在泥巴上和盖在纸张上的效果是完全不一样的。阴文印章盖在泥巴上，在泥巴上显示的文字笔画是凸起来的（图8），而盖在纸张上，笔画显示的就是纸的颜色（图9）；反之，阳文印章盖在泥巴上，笔画是凹下去的，盖在纸张上则是红颜色的（图10）。

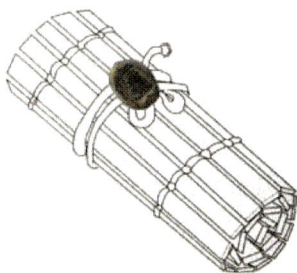

图7　古代书简封泥示意

图8　古代阴文印章盖
在封泥上的效果

图9　古代阴文印章盖
在纸上的效果

图10　古代阳文印章盖
在纸张上的效果

【赏一赏】

图 11　春安君

　　图 11 是一方先秦官玺，材质为玉，现藏上海博物馆。这方印章笔画干净利落，章法平稳中蕴藏变化，左边一字稳重、右边两字活泼，"春"字上面的"日"字呈倒梯形，平整而有变化。"安"字的"宀"上部自然倾斜，与"春"和谐相叠，"君"字横平竖直，整个印面秀丽端庄，充分体现了玉印的风格特征。

图 12　开方之玺

　　图 12 是一枚战国古玺，材质为铜，残破较多，但线条厚重有力，印面斑驳使印章更具有古朴气息。这枚印章在布局上采取了常见的斜对称的方法，"开"字和"玺"字笔画较多，所占空间稍大一些；"之"字和"方"字笔画较少，字形略小，留红较多，使整方印留有透气之处。笔画斜正有变化，章法疏密相呼应。

图 13 军司马之印

图 13 是一方典型的汉印，文字端庄平整，线条粗细与分朱布白均衡，笔画首尾收口圆润，文字的工艺性增强。五个字安排十分巧妙，"印"字上下分列两格而不觉得突兀。整个印面十分饱满。军司马是汉代的官职，汉印中有许多"军司马印"，从功能上看，"军司马之印"增加一字并无意义，但古玺汉印都有增加"之"字的现象，很有可能是制作者为了构式布局美观而添加的，这说明古代印章虽以实用为主，但不乏匠人的创作审美意识。

图 14 是清代著名篆刻家吴熙载的代表作，也是典型的细朱文印。吴熙载（1799—1870），字让之，江苏仪征人，著名书画家、篆刻家。这方印章以小篆为基础，笔锋流转灵活，提按起伏明显，线条有着强烈的韵律之美。布局上，"间""禅"下部留空与"石""之"呼应。边栏处理若有若无，虚实相生。"逃禅煮石"印文体现了古代文人对淡泊生活的追求。

图 14 逃禅煮石之间 吴熙载

图 15 是现代著名篆刻家齐白石的代表作品。齐白石（1864—1957），原名纯芝，后改名璜，字濒生，号白石，湖南湘潭人，著名画家、篆刻家。齐白石的篆刻文字取法《天发神谶碑》，以单刀直入的方法刻制，线条刚劲有力，石材的天然效果表现得淋漓尽致。这方印章中"鲁"与"门"紧靠粘连，"鲁"字上部的"田"与下部的"日"上下收紧，中间拉开；"下"的点画上靠，留出大片空白与"门"呼应。这种大开大合，形成了强烈的视觉冲击。齐白石的篆刻以独特的风格，开创了篆刻艺术新局面。这方印章的内容也很有意思，齐白石早年曾是个木匠，以鲁班为宗师表明白石老人不忘初心。

图 15 鲁班门下 齐白石

图 16　仁和魏锡曾稼孙之印（附边款）　赵之谦

　　图 16 是清代著名篆刻家赵之谦的作品。赵之谦，浙江绍兴人，初字益甫，后改字㧑（huī）叔，号悲庵、无闷等。他早年学习浙派、皖派风格，后又广泛吸取汉碑汉镜等古代金石文字特点，上溯秦汉，进而形成自己独特的风格面貌，其取法之广是前无古人的。尤其值得一提的是他丰富多样的边款。除了单刀双刀等传统刻款的方法，赵之谦将龙门石刻等北碑风格用到了边款中，这里"悲庵为稼孙制"采用了边栏式阳文刻制，笔画线条坚挺有力，棱角分明，丝丝入扣，有北魏《始平公造像》之韵味。另一面仿刻了嵩山少室石阙画像砖的砖刻图案，古雅质朴，生动活泼，令人耳目一新。

【练一练】

图 17　花押印 1（王押）　图 18　花押印 2（汤 押）　　　图 19　花押印 3（八思巴文）

中国古代的花押印，起源于唐代。宋代，签名花押的风气非常流行，不少文人墨客都有自己非常独特的花押。从实用意义上说，历代印章大都有防伪的作用，作为个人任意书写，变化出来的"押字"（有些已不是一种文字，只作为个人专用记号），自然就更难以摹仿，从而达到防伪的效果。（图17～19）花押印就是个人设计的符号，因而这种押字从唐宋一直沿用到明清时代。

请你观察上面花押印的特点，大胆想象，为自己设计一个花押印，尝试把它刻出来。

【小贴士】

在中国，青田石、巴林石、寿山石和昌化石被称为中国"四大名石"。

1. 青田石

青田石产于浙江青田县山口镇，颜色丰富，红、黄、蓝、白、黑都有，最著名的为"封门青"。明代开始，青田石料被文人墨客用作篆刻印材。

图20　青田石欣赏

2. 昌化石

昌化石产于浙江临安昌化镇而得其名，最著名的为"鸡血石"。

图21　昌化石欣赏

3. 巴林石

巴林石产于内蒙古自治区的巴林右旗。巴林石的色泽斑斓，纹理奇特，堪称精美绝伦。

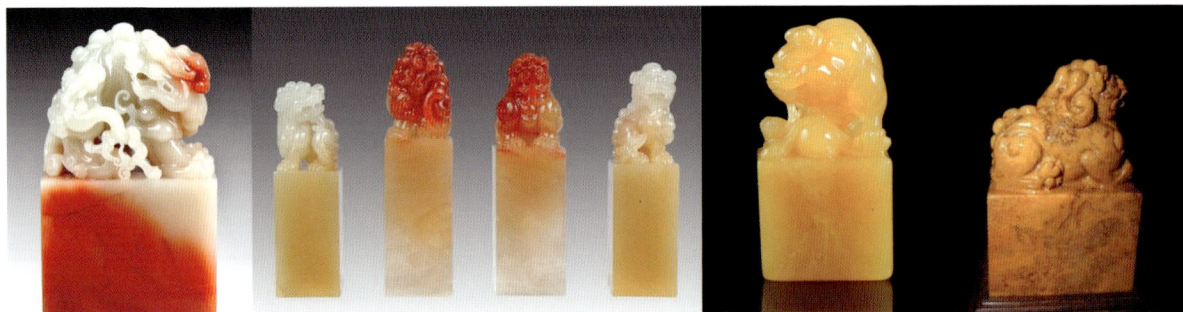

图 22　巴林石欣赏

4. 寿山石

寿山石产于福建省福州一带。石质细腻，质地温润。最著名的数"田黄"，价比黄金。

图 23　寿山石欣赏

第四章 版画

　　版画，在英语中称为"Print"，其含有"印刷、印痕"的意思，是"印刷"出来的画，同时也是一门具有间接性和复数性的绘画艺术。版画不同于一般的绘画直接在纸或画布上作画，而是在某种材料上制成印版，通过纸或其他媒介印成画面。因此，相较一般绘画等"直接艺术"而言，版画被称为"间接艺术"。一般绘画只有一张原作，版画可以用同一印版，根据艺术家需要的印数，印制出一定数量、画面相同一致的作品，艺术家署名后均视为原作，且每张价值相等。正是因为这种复数性，版画又被称为"复数艺术"。

"印"出来的画

追根溯源，版画的产生与印刷技术的发展息息相关，我国最早的版画主要是用于经卷的印制和传播，现存最早的版画有款刻年月的，是唐朝咸通本《金刚般若波罗密经》卷首图，根据题记，作于公元868年。在经历了千年的演变后，复制版画功能逐步升华为创作版画，并成为独立艺术形式，形成了具有独特审美特征的版画语言。

《金刚般若波罗密经》卷首图

【看一看】

版画根据制版原理的不同，分为凸版、凹版、平版、孔版等几个重要的版种，分别有木版画、铜版画、石版画、丝网版画等。

凸版版画 制版材料主要使用木板，被称为木版画，木版画是凸版版画的代表。因制版时使用各种刻刀、钉、凿等工具在木板上刻划，又被称为木刻。后人也有用麻胶板、塑料板、石膏板、吹塑板、厚纸板代替木板制版的。凸版版画的制版印刷原理与篆刻相同，根据画稿要求，将不需要的部分刻除形成凹陷，没有刻除的部分形成凸起，凸起的部分在印刷时可附着油墨或颜料，呈现出画面，凹陷部分不附着油墨或颜料，呈现出空白，印刷后凸起部分能呈现画面图形线条色彩的就称为凸版版画。

凸版

印纸
油墨
木版

凸版版画印制原理示意图

凸版版画《过客》 张怀江 中国

凹版版画 最初制版材料主要使用铜板，被称为铜版画，后来艺术家逐渐用锌板等金属材料代替铜板，但人们还是习惯地称它为铜版画，也有称锌版画或金属版画的。凹版版画的制版印刷原理与凸版版画相反，即凹陷部分附着油墨，能呈现画面的图形、线条、色彩，凸起部分不附着油墨，印刷后得到凹版版画。

凹版

印纸
油墨
铜版

凹版版画印制原理示意图

凹版版画《节俭的一餐》 毕加索 西班牙

平版版画 主要以石版版画为代表。制版材料使用一种名为石印石的特殊石板，但是这种石板并不是拿来刻，而是运用油水不相容的原理，通过腐蚀制版，在平滑的石面上产生很多肉眼看不清楚的小孔，小孔多的地方成为亲水区，难以附着油墨形成画面的空白；小孔少的地方成为亲油区，附着油墨形成画面上的图形线条，印刷后即可得到平版版画。印刷时要不断地往版面上擦清水，使其保持水分，由于水与墨互不相容，变化微妙，故而印出的画面色调也可以非常丰富细腻。

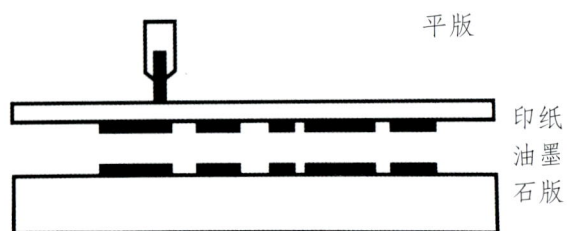

平版版画印制原理示意图

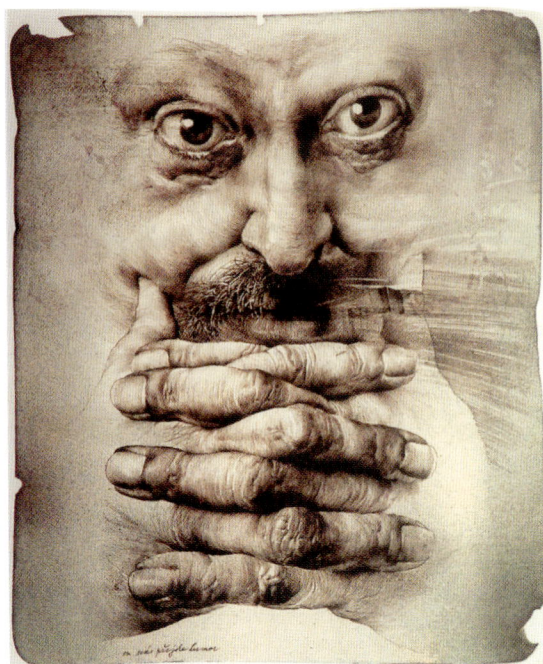

平版版画《自画像》
奥尔德里奇·库尔哈奈克　捷克

孔版版画　也称漏版版画，制版原理是在板材上挖割出带有画面形状的孔洞，然后将颜料刮在版面上，透过孔洞，转印到纸张等媒介上形成孔版版画。现代孔版版画主要以丝网版画为代表，它的制版材料主要使用紧绷在木框上的真丝绢网或尼龙丝网，用感光材料封堵画面空白处的网孔，把油墨从没有封堵的网孔漏印到纸或其他物品上形成画面。

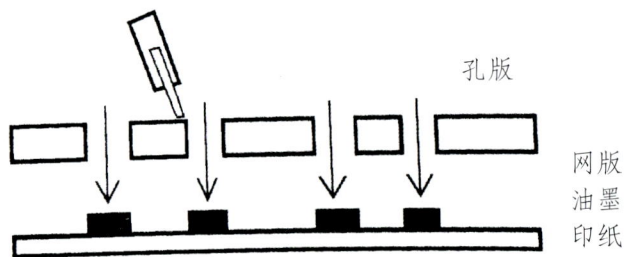

孔版版画印制原理示意图

孔版版画《入城之二》　于洪　中国

【比一比】

不同版画种类的肖像画，它们在艺术效果上给人感受有什么不同？

凸版版画《鲁迅先生》 赵延年 中国

凹版版画《老人像》 伦勃朗 荷兰

凸版版画——以赵延年《鲁迅先生》为例：

艺术家以刀为笔，将画面两侧用斜刀刻出利剑般的白色刀痕，线条粗粗细细、长长短短向两侧伸展。而右侧则先将头部轮廓刻出，黑色的围巾与黑色的背景，衬托出鲁迅先生冷峻的神情，白色的长衫在色块上与面部呼应；整个画面中黑白对比强烈，每一处块面、线条，均体现出木刻版画所特有的"刀味、木味"，是一般绘画作品无法达到的，鲁迅先生"横眉冷对千夫指，俯首甘为孺子牛"的精神品质跃然纸上。

凹版版画——以伦勃朗《老人像》为例：

以针代笔，笔法轻松灵动，以单纯的线造型但不失细节，使作品更具有绘画性；运用光线的手法源于明暗对照法，但光影不是完全客观地再现，而是利用明暗对比的方法塑造体积，突出人物的空间位置，人物更自然，画面更具表现力。

【赏一赏】

木刻版画　凸版版画的典型代表是木刻版画，木刻版画可分为黑白木刻和套色木刻；套色木刻按上色材料的不同又分为水印套色木刻、油印套色木刻。

黑白木刻《纪念卡尔李卜克内西》
珂勒惠支　德国

油印套色木刻《门户杂考—衍射与退隐》
张远帆　中国

我国水印木刻版画在艺术趣味和技法手段上完全不同于西方版画，其水墨浸润、设色雅致，表现出强烈的东方审美意味，成为世界版画中独树一帜的艺术体系。

水印木刻《西湖春雨》
陆放 中国

水印木刻《郊游—柳浪闻莺》
方利民 中国

水印木刻《荷》
陈琦 中国

铜版版画 凹版版画以铜版版画为代表，主要有铜版雕刻、铜版蚀刻两种制版技法，其中德国艺术家丢勒的铜版雕刻和荷兰艺术家伦勃朗的铜版蚀刻，分别代表了两种以线刻为特色的铜版版画的最高境界。

铜版雕刻《书斋里的圣杰罗姆》 丢勒 德国

铜版蚀刻《浪子回头》 伦勃朗 荷兰

现代铜版画的制版技法极为丰富多样，包括干刻法、飞尘法、糖水法以及美柔汀法等。

铜版画技法介绍如下：

1. 干刻法： 干刻法是一种最为简单而自由的铜版画技法，主要是用刻针、铜版刀等尖锐工具直接在金属板（铜板、锌板）的版面上刻制画面，不经过腐蚀，刻制完成后即可上墨印刷。其特征是表现点和线的效果，线条富于变化，时而尖锐时而温润，富于魅力，给人一种轻盈和自由的感觉。

铜版蚀刻飞尘《狂想曲》
戈雅 西班牙

2. 飞尘法： 飞尘法是利用松香制成粉末，均匀地撒在版面上，加热后使松香粉溶化，就产生了点状的防腐层保护版面，经腐蚀后版面上没有松香粉保护的部分，就形成了许多下凹的小坑，印制时可以携带油墨。根据松香粉的疏密不同和腐蚀时间的长短不同，小坑的密度和深浅也不同，画面就能形成浓淡变化。与干刻法着重表现点和线不同，飞尘法主要表现明暗调子。

3. 糖水法： 糖水法是将糖水和阿拉伯树胶混合液加热后，用笔蘸该液体在金属板上作画，晾干后用防腐剂涂满整个版面，待防腐剂干后将版置于温水中，糖水画过的部分防腐剂无法附着在版面上会脱落，露出金属表面，此时腐蚀，金属面会下凹，印制时可携带油墨形成深色块。如果结合飞尘法，效果更加丰富，有水墨画的韵味。

4. 美柔汀法： 美柔汀法是先用专用的铜版摇刀在光滑的金属版面上刻出密集的网点，制造出一大片黑色，再用刮刀和压刀调整网点的疏密关系，把画面亮部、灰部刮出来。网点密集的地方吸墨较多，能印刷出深色调；网点稀疏的地方吸墨较少，能够印刷出浅色调；没有网点的地方不吸墨，使画面留白。以此制作出色泽饱满、层次丰富、画面细腻的版画作品。

铜版美柔汀《肖像》
克利奥·威尔金森

这些技法可单独使用，也可混合使用，当它们组合时会有一定的未知性和偶然性，正是因为这样的未知性和偶然性，历代艺术家们创作出千变万化的艺术效果。

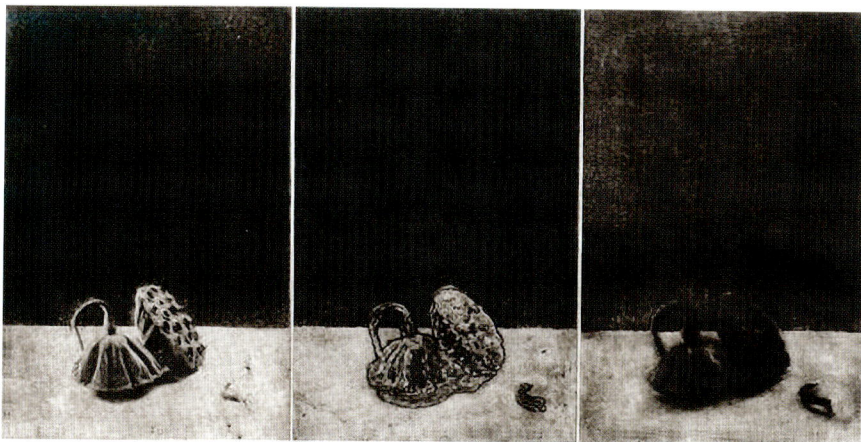

铜版多种技法混合《图像 叙诉 可能》孔国桥 中国

石版版画 平版版画的主要代表是石版版画，已经历了 200 余年的发展。但是近些年来，世界上石印石的石源枯竭，人们开始采用锌板、铅皮板代替石印石，虽然用它们制版印刷的效果与石印石相近，但远不如石印石制版印刷的效果细腻、丰富、强烈。

石版版画《圣母》
蒙克 挪威

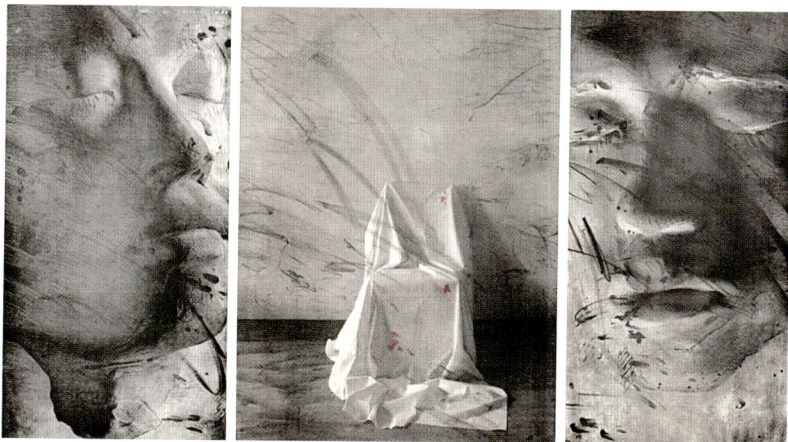

石版版画《他方（之四）》 鲁利峰 中国

丝网版画 孔版版画的主要代表是丝网版画，相对于其他版种而言，丝网版画年轻而充满活力，它与现代科技的联系比其他版种更为紧密，丝网印刷技术也大量应用于日用品的生产。计算机图形处理的介入极大提高了作品图像的复制能力，丰富了丝网版画的绘画语言。然而，太过于依赖计算机技术后，版画作品丧失了艺术家自身的个性，让人怀疑这是图片印刷还是绘画作品。不过，就像曾经摄影术的出现对古典写实绘画的冲击一样，艺术家们总是会在手绘和复制效果之间不断地探索和创造。

丝网水印《北风》 陈聿强 中国

丝网版画《玛丽莲》安迪·沃霍尔　美国

【练一练】

《我的朋友》

用身边废弃的厚纸板，按照自己最要好朋友的样子，依据他（她）的脸、五官、身体、手和脚等分别剪成相似的形状；然后把它们组合起来，并贴到另一张厚纸板上，这样一块最简易的纸版凸版就制作好了。接着用滚筒在制好的纸版凸版滚上油墨，覆盖上自己喜欢的有色纸张，再盖上一层报纸，用手在上面用力摩擦一会儿，注意纸不要移动。最后揭开纸张，一幅纸版凸版版画《我的朋友》就做好了。

【小贴士】

有一种小版画或微型版画叫藏书票，是版画创作的一个分支，它是与版画艺术共同发展的。藏书票是一种以艺术的方式表明藏书是属于谁的，也是书籍的美化装饰。一般尺寸是边长5~10厘米见方的版画作品，上面除主图案外，要有藏书者的姓名或别号、斋名等，国际上通行在票上写上"EX-LIBRIS"（拉丁文）。这一行拉丁文字，表示"属于私人藏书"，藏书票一般要贴在书的首页或扉页上，被誉为"版画珍珠"和"纸上宝石"。

这是版画家陆放和文学家巴金的藏书票，同学们也可以试着制作属于自己的藏书票。

第五章　雕塑

雕塑，是指用各种固体材料，通过雕、塑、刻等手段制作的立体形象。它是通过创造立体形象来表达情感的一种艺术行为。

【赏一赏】

龙门石窟奉先寺石刻群

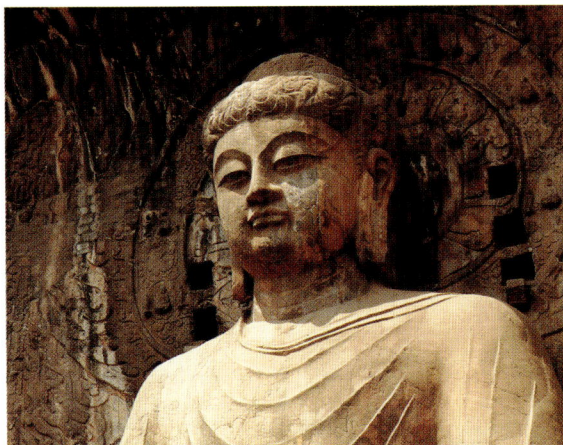

龙门石窟奉先寺卢舍那大佛（局部）

　　龙门石窟位于河南省洛阳市，开凿于北魏孝文帝年间，之后历经 400 多年的营造，现在有石窟 2345 个，造像 10 万余尊，是中国石刻艺术宝库之一。奉先寺石刻群是龙门石窟规模最大、艺术最为精湛的一组群雕。中间主佛为卢舍那大佛，佛像通高 17.14 米，头高 4 米，耳朵长达 1.9 米。佛像面部丰满圆润，头顶为波状形的发纹，双眉弯如新月，附着一双秀目，微微凝视着下方，嘴角微微扬起，露出祥和的笑意。大佛身着通肩式袈裟，衣纹简朴无华，一圈圈同心圆式的衣纹，把头像烘托得异常鲜明而圣洁。

　　透过大佛壮实厚重的佛身，以及清丽幽静的额面，我们似乎看到了旺盛的生命力和鲜活的艺术气息。

【练一练】

　　1. 找一张雕塑作品图片，说一说作品的风格特点。
　　2. 设计一个校园小雕塑，并试着用陶泥制作出来。

【小贴士】

雕塑如何分类？

　　雕塑按形态可以分为圆雕、浮雕和透雕三种基本形式；按材质可以分为泥塑、木雕、石雕、铸铜、水泥、陶、不锈钢等。

第六章　陶艺

中国是世界上历史悠久的文明古国之一，对人类社会的进步与发展做出了许多重大贡献。在陶瓷技术与艺术上所取得的成就，尤其具有特殊重要的意义。在中国，制陶技艺的产生可追溯到公元前 4500 年至前 2500 年的时代，可以说，中华民族发展史中的一个重要组成部分是陶瓷发展史，中国人在科学技术上的成果以及对美的追求与塑造，在许多方面都是通过陶瓷制作来体现的，并形成各时代非常典型的技术与艺术特征。

土与火的升华

1. 仰韶文化是距今约 7000 ~ 5000 年中国新石器时代的一种彩陶文化。人面鱼纹彩陶是新石器时代陶器珍品。彩陶是在陶器表面以红黑赭白等色作画后烧成，彩画永不掉落。此盆由细泥红陶制成，敞口卷唇，盆内壁用黑彩绘出两组对称的人面鱼纹。人面概括成圆形，额的左半部涂成黑色，右半部为黑色半弧形，可能是当时的文面习俗。眼睛细而平直，鼻梁挺直，神态安详，嘴旁分置两个变形鱼纹，鱼头与人嘴外廓重合，加上两耳旁相对的两条小鱼，构成形象奇特的人鱼合体，表现出丰富的想象力，人头顶的尖状角形物，可能是发髻，加上鱼鳍形的装饰，显得威武华丽。同样内容的彩陶盆，半坡遗址中曾出土几件。

人面鱼纹彩陶

2. 秦代陶俑"六王毕,四海一"。秦汉时期也是中国陶瓷发展史上的一个重要时期。秦代陶俑以其完美的艺术形式,生动逼真的神态,深刻揭示了各种人物的内心世界,不仅表明了雕塑艺术现实主义传统的久远和中国古代制陶水平之高,并且还为世人展示了中华民族深沉雄大的民族风格。

秦　兵马俑

3. 汉砖上的雕饰,包罗万象,繁复美观。无论是彩绘还是浮雕图像都生动活泼,线条灵活;其中表现的故事都是当时社会的缩影,在四川省彭山发现的汉墓中,有一种圹砖是专供筑墓或建隧道使用的,在结构中似乎已经知道应用物理学上的圆柱中空的道理。

汉砖

4. 唐三彩是一种低温铅釉陶器，在色釉中加入不同的金属氧化物，经过焙烧，便形成浅黄、赭黄、浅绿、深绿、天蓝、褐红、茄紫等多种色彩，但多以黄、赭、绿三色为主。它主要是陶坯上涂上的彩釉，在烘制过程（经过修整、晾干后，放入热火中烧烤先经过1000℃烧制，冷却后涂上挂彩，再放入火中以900℃继续烧烤即可）中发生化学变化，色釉浓淡变化、互相浸润、斑驳淋漓、色彩自然协调，花纹流畅，是一种具有中国独特风格的传统工艺品。唐三彩在色彩的相互辉映中，显出堂皇富丽的艺术魅力。唐三彩作为冥器，用于随葬，因其胎质松脆，防水性能差，实用性远不如当时已经出现的青瓷和白瓷。

唐代　唐三彩

【比一比】

你知道青花瓷和青花玲珑的区别吗？

青花瓷又称白地青花瓷，常简称"青花"，是中国瓷器的主流品种之一，属釉下彩瓷。青花瓷是以含氧化钴的钴矿为原料，在陶瓷坯体上描绘纹饰，再罩上一层透明釉，经高温还原焰一次烧成。钴料烧成后呈蓝色，具有着色力强、发色鲜艳、烧成率高、呈色稳定的特点。原始青花瓷于唐宋已见端倪，成熟的青花瓷则出现在元代景德镇的湖田窑。明代青花成为瓷器的主流。清康熙时青花瓷发展到了顶峰。明清时期，还创烧了青花五彩、孔雀绿釉青花、豆青釉青花、青花红彩、黄地青花、哥釉青花等衍生品种。

元 青花

青花玲珑瓷

青花瓷开辟了由素瓷向彩瓷过渡的新时代，其富丽雄浑、画风豪放，绘画层次繁多，是中国陶瓷史上的一朵奇葩。

玲珑瓷是汉族制瓷工艺中的珍品，是明永乐年间在镂空工艺的基础上创造和发展起来的，已有 500 多年的历史。瓷工用刀片在坯胎上镂成点点米粒状，被人们称为"米通"，又叫玲珑眼，再填入玲珑釉料，并配上青花装饰，入窑烧制而成。

青花玲珑瓷以其玲珑别透、幽静雅致、精巧细腻、朴素大方的艺术特色，给人以清新明快之感，为人们所推崇备至。

【赏一赏】

现代陶艺是现代艺术的重要载体，它不是传统陶艺的简单重复和延续。从本质上讲，它把陶艺从"器"的概念中，从古老的、已经定犁的工艺模式中解脱出来，重新审视陶瓷本质内涵，并加以挖掘和发展，开拓成富有现代精神的纯粹个性化的艺术形式。

现代 黄华高 《丛生》

《丛生》这组作品的创作灵感来源于大自然的蓬勃生机，其外轮廓造型形似山峰，高低起伏，错落有致。瓶口处理的方式形似向上生长的野草。作品创意来源于自然，其形又回归于自然。

作品主要采用泥条盘筑的成型方法。为了丰富造型感，左右两件在盘筑时同种有异。左侧作品明显可以看到泥条的痕迹，因为正常的泥条盘筑一般大拇指放在器物的内壁捏塑，其余手指在器物的外壁扶正，所以内壁相对平滑，外部痕迹明显，而右侧作品与之相反，大拇指放在器物的外壁捏塑，其余手指放在器物内壁，所以外壁几乎看不到泥条痕迹，更多看到大拇指捏塑的肌理。由此可见，泥条盘筑作品中，捏塑的方法可以根据作者的创作需求灵活变化，没有固定的模式。

　　釉料方面，这组作品采用无光茶釉，显得古朴典雅。

　　《轮回》这件作品创作灵感来自岁月磨砺的车轮。

　　作品的造型圆润，以中心向外呈辐射状，中间空隙部分朴实自然。

　　作品主要采用拉坯法，由两个拉坯形体结合完成。在修坯过程中并进行了水磨机抛光，所以作品触感也非常好。作品没有上任何釉彩，以材质本身为基础，感受泥土带给我们最本质的形态。

现代　罗振波　《轮回》

【练一练】

　　在自己的家乡寻找一些泥巴，可以尝试用捏塑法捏一些自己喜欢的动物、植物等，或者用泥条和泥片法做建筑或者人物等。

【小贴士】

陶与瓷的区别在哪里？

1.烧成温度不同，陶烧制一般在800℃~1200℃，瓷烧制在1200℃以上。

2.坚硬程度不同，陶坚硬程度比较低，瓷坚硬程度比较高。

3.使用原料不同，陶艺可塑性强，含铁量高，瓷泥可塑性差，含铁量低，主要含高岭土。

4.透明度不同，陶的坯体即使比较薄也不具备半透明的特点，瓷器的胎体无论薄厚，都具有半透明的特点。

第七章　摄影

摄影是指使用某种专门设备进行影像记录的过程。1839 年，法国物理学家达盖尔发明了摄影术。摄影术以光学为基础，小孔成像是光学最重要的原理之一。大约两千四五百年以前，我国的学者——墨翟（墨子）和他的学生，做了世界上第一个小孔成倒像的实验，解释了小孔成倒像的原因。

《回家》 摄影 / 俞志定

作者采用低角度拍摄，使得人物和鹅的形象高大起来并充满画面，拉低了建筑物成为主体的背景，交代了事件发生的场景。逆光使得人物和鹅的轮廓形成了一道"金边"，画面更加生动了。请你留心观察生活中发生的有意思的事情，试着用相机或手机记录下来。

【小贴士】

1. 景深分大景深和小景深。小景深效果能使环境虚糊、主体清楚，这是突出主体的有效方法之一。

2. 在摄影中运用"反射"可以产生一些令人叫绝的效果，创造出绝美的图像。很多日常物体，如水、窗、镜子或任何其他反射表面，都能将普通的图像变为一幅杰出的艺术作品。

第八章　剪纸

剪纸，是以纸为材料，经剪制、刻制或撕制而成的一种民间工艺美术。中国剪纸已有 1500 年的历史，是中华民族最古老的民间艺术之一。从古至今在民间流传甚广，它与我们的生活，与年文化有着紧密的联系。"剪影""窗花""喜笺""福字"等四种不同艺术形式虽不时尚华丽，却是中国人过年时必不可少的符号。它是劳动者智慧与勤劳的反映。

剪纸的魅力

　　我们所见到的全国各地的剪纸因地域和用途不同，形成了不同的风格流派。北方（陕西、山东地区为主）的剪纸"粗犷"，以"朴实生动"为美，常常记录着人们日常的生产习俗。南方（广东、福建、江浙地区为主）的剪纸"细腻"，以"精致"为美，表现花卉、鱼虫与生活场景。它们都是中华民族重要的艺术瑰宝。

【看一看】

库淑兰　《剪花娘子》系列之一

　　库淑兰生前不断地创作着一个神秘主题"剪花娘子"系列。这个女神雍容华贵、仪态万方，她既是库淑兰的心中偶像，也是一个完美的艺术构图。这个艺术构图充分地标志着当地人朴素的审美观，即具有"大脸盘、高鼻梁、肤色白皙、眼睛大、口型小"特点的人被视为美人。

【比一比】

　　我国传统剪纸有两种基本刻制方法——阴刻与阳刻。请你判断下面两件剪纸作品，你觉得哪件是阳刻作品，哪件是阴刻作品？它们的异同在哪里？

《西湖》　詹东明　　　　　　　　　　《青年周总理》　詹东明

　　阴刻块面为主，线线相断。这种刻法效果厚重结实，如《青年周总理》。
　　阳刻线条为主，线线相连。这种刻法效果流畅清新，如《西湖》。
　　通过欣赏民间剪纸艺术，学会分辨阴刻和阳刻，就能运用剪纸阳刻、阴刻、混合刻的方法，进行简单的创作。

【赏一赏】

　　剪纸常见的艺术形式有：剪影、窗花、喜笺、福字四种形式。下面让我们分别来欣赏下吧！

1.剪影

龙形剪影　古代

山水剪影　现代

剪影源于剪纸，由剪纸发展而成。物象的剪影，就是物象的影像，它简练概括、富于装饰。通过欣赏光影、抓住物体投影造型的特征，用手中的剪刀对"光影"进行裁剪，给人、物等赋以艺术的夸张并突出其内在美。初学者可从简单到复杂，对照实物剪，尽量做到不用画稿直接剪。

2. 窗花

贴窗花

窗花 现代 福字

窗花 现代

中国最早出现的团花剪纸 对马

中国最早出现的团花剪纸 对猴

　　窗花起源于农耕文化的民间艺术，是汉族民间剪纸中分布最广、数量最多、最为普及的品种。窗花可分为单色窗花、彩色窗花和纸塑窗花三种。

　　窗花的表现题材极其广泛，戏剧人物、历史传说、花鸟鱼虫、山水风景、现实生活、吉祥图案等均可成为窗花的表现内容。南北各地农村在春节期间家家都会贴窗花，信手剪出的花样达到烘托节日喜庆氛围的目的，寄托着辞旧迎新、嫁娶、接福纳祥的愿望。

3. 喜笺

贴于门楣上的笺

  笺,是一种贴在门楣上的剪纸,上沿贴于门楣,下面大部分悬空作流苏。可随风飘动,其样式多为锦旗形,天头大、两边宽。过去的民间,过年时用吉祥语镌在红纸上,粘在门前,与桃符相辉映。贴门笺除有迎春除旧之意外,也有祈福驱邪之意,形成色彩绚丽的装饰效果。

4. "福"字

最常见的剪纸制作就是福字剪纸。形态各异的福字剪纸深受大家的喜欢，这和"福"字本身独特的构型分不开的。在中国的传统文化中，方方正正的"福"字总能够给人一种稳定的感觉，而这种稳定的感觉伴随着福字本身，就预示着来年将会平平安安。过年时家家户户都会贴"福"字。要注意的是大门上贴福，须端庄、恭敬，有"迎福""纳福"之意，故要正贴。

【练一练】

1. 利用黑卡纸，动手设计一幅动物形象的剪影作品。
2. 比较南北方剪纸的特点，学剪一个窗花。

【小贴士】

1. 剪纸工具与材料：

剪纸简单易学，只需一把剪刀或刻刀、几张色纸，按照剪纸艺术的规律特点，便可制作出许多可爱的动物、花鸟、鱼虫、人物等剪纸形象。

剪纸的主要工具有：剪刀、刻刀、磨石、蜡板、胶水等。

2. 剪纸代表人物：

库淑兰（1920—2004），东方的民间剪纸艺术以她为代表，是中国民间剪纸艺术杰出的代表人物之一。陕西旬邑县人，自称"剪花娘子"。 1996年，她被联合国教科文组织授予"杰出中国民间艺术大师"称号。

亨利·马蒂斯（1869—1954），他是法国著名画家，野兽派的创始人和主要代表人物。晚年采用剪纸进行艺术创作，以简洁的造型、强烈的色彩创造了许多优秀的剪纸艺术作品，可谓西方的剪纸艺术大师。

第九章 动漫

动漫（Animation & Comic）是动画和漫画的合称与缩写，指所有的动画、漫画作品。动漫常用夸张、变形、拟人的手法来描绘事物。常见的动漫艺术表现形态有动漫图书、动漫影视片（动画片）等。

舞动的精灵

随着时代的发展，动漫艺术融汇了绘画、文学及电影艺术的特点，它表现的内容更加丰富，很多题材都能用动漫的形式来表现。

【看一看】

孙悟空形象

青少年喜爱的动漫形象大多来源于两大类，即名著中的文字描写和真实世界中的实物。

孙悟空是中国著名的神话人物之一，出自四大名著之《西游记》。孙悟空的形象来源于明代吴承恩《西游记》的描写。原著中描写：长相圆眼睛，查耳朵，满面毛，雷公嘴，面容羸瘦，尖嘴缩腮，身躯像个食松果的猢狲，虽然像人，却比人少腮。

孙悟空生性聪明、活泼、忠诚、嫉恶如仇，在民间文化中代表了机智、勇敢。

　　《功夫熊猫》是一部以中国功夫为主题的美国动作喜剧电影，影片以中国古代为背景，其景观、布景、服装乃至食物均充满中国元素。剧中胖胖的熊猫阿宝，以中国的国宝熊猫为设计原型。

熊猫（原型）

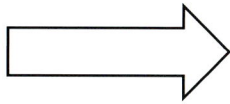

功夫熊猫"阿宝"

【比一比】

　　动漫作品有连环画、动画片等表现形态。连环画是绘画的一种，指的是多幅画面连续叙述一个故事或事件的发展过程，也可以称为"连续画"。连环画一般根据文学故事或取材于现实生活，编成简明的文字脚本，据此绘制多页生动的画幅而成。
　　下面两幅作品，它们的分格方式有什么不同？

机器猫（多格漫画）

小鸟回家（四格连环画）

　　多格漫画就是一个故事用多个格子来表现，这种漫画一般都有连贯复杂的剧情或者是对动作神情展开的细节刻画；四格漫画，即用四幅画面陈述一个故事，有点像漫画中的小小说，有着自己特别的表达方式。

　　随着动漫的发展，多格漫画用分镜头的画面去表达作者的思想感情和对社会人生的认识。它的风格打破以往的传统，采用了灵活多变的形式，像极了电影分镜头剧本。

【赏一赏】

经典动漫形象

米老鼠

　　美国迪士尼公司的米老鼠（英文名：Mickey Mouse）的形象诞生于 1928 年 11 月 18 日，首部有声卡通电影《汽船威利》(Steamboat Willie) 在纽约上映，主角是一只有着大而圆的耳朵、穿靴戴帽的小老鼠，这部影片在纽约造成轰动，米老鼠也很快成为闻名世界的"明星"。1978 年，米老鼠成为首个在好莱坞星光大道上有一颗星星的卡通人物，以此纪念米老鼠诞生 50 周年。这颗星星位于好莱坞大道 6925 号。米老鼠形象的诞生，是影坛一大奇迹，他为华特·迪士尼在 1932 年赢得了奥斯卡荣誉奖项。1934 年，米老鼠被作为单独条目收入《大英百科全书》。

当代动漫形象

柯南（日本）

蓝精灵（比利时）

柯南是日本漫画家创作的侦探漫画《名侦探柯南》里的主人翁。日本影视制作公司将漫画改编成同名电视动画，于 1996 年 1 月 8 日开始在日本读卖电视台播放，至今仍在播放。柯南本是 17 岁高中生侦探，推理能力超强，被称为"平城年代的福尔摩斯""日本警察的救世主"。

蓝精灵是比利时漫画家笔下的动漫形象，早年曾被美国引进制作成 TV 版动画，后来被译成 25 种文字，改编的动画片曾在 60 多个国家播放。101 个蓝色的、三个苹果高的蓝精灵在大森林里快乐地生活。他们住在自己村子的蘑菇屋里，精灵爸爸、精灵妹妹、苯苯、乐乐等使得精灵村每天都欢声笑语。

动漫作品的形式和内容备受青少年的钟爱，而优秀的动漫作品是青少年了解绘画知识、练习绘画技巧的重要学习对象。

【练一练】

临摹练习：选择自己喜爱的动漫形象，配上合适的背景，完成一幅完整的动漫作品。

创作练习：选择一个小动物原形，以夸张、拟人的手法设计一个可爱的动漫形象。

【小贴士】

夸张、变形是动漫的主要表现手法。动漫形象的夸张是建立在原形象的结构、特征、色彩等基础上的。

后记

　　本书由浙江省青少年校外教育中心视觉艺术教研组成员精心策划、构思，并整理编辑而成的一本美术综合欣赏读本。由麻来军任主编，构思和架构整本书的编写体系及统稿工作，戴春霞任执行主编，主要完成审稿工作。整个编写组既合作，又分工，编者们具体编写分工如下：第一章国画第一节金巨剑，第二节张虹艳，第三节顾添春；第二章油画第一节周亮，第二节潘聪；第三章书法第一节胡晓东，第二节来海鸿、周宗毅，第三节戴春霞，第四节闻人文浒，第五节干维浩，第六节葛曙明、沈新华；第四章版画陈垚；第五章雕塑徐利江；第六章陶艺黄华高；第七章摄影俞志定；第八章剪纸徐璟；第九章动漫徐帆、蒋璐。九个单元，通过链接中外美术史、地域文化、民间艺术等多元构建，视觉冲击力大，通俗易懂，具有一定的适龄性。本册成书特别感谢浙江省青少年校外教育中心陈敬主任，若没有他的鼎力支持，这书也不可能面世。

　　最后，本书在介绍美术各个模块时，引用了具有一定代表性的作品进行说明，为尊重并感谢原作者，每幅作品均署名清楚，仅供教与学使用。若涉及版权问题，烦请原作者联系我们。